経営者マインドの秘密

あらゆる難局を乗り切る経営戦略

大川隆法
RYUHO OKAWA

経営者マインドの秘密　目次

第1章　経営者マインドの秘密
――リーダーが押《お》さえるべき経営の勘所《かんどころ》――

5　経営者やリーダーに必要な「心の力」　68

第2章　人望力の伸《の》ばし方
――経営者に求められる「徳」とは――

3

人望力のある大人物になるための条件　120

4 多くの人がついてくるリーダーとなるために

第3章　いま、政治に必要な考え方
――未来を拓《ひら》く国家経営の秘策――

3

デジタル化推進に潜《ひそ》む危険性とは　187

4 「国富《こくふ》」を生み出すために必要な考え方とは　213

第4章　二宮尊徳《にのみやそんとく》流経営サバイバル術
——激動の時代をいかに生きていくか——

本書には、幸福の科学・大川隆法総裁が特別説法堂《せっぽうどう》で二〇二〇年二月九日に説かれた「経営者マインドの秘密」、二〇一七年九月九日に説かれた「人望力の伸《の》ばし方」、二〇二〇年七月十八日に説かれた「いま、政治に必要な考え方」、および二〇二一年一月十六日に説かれた「二宮尊徳《にのみやそんとく》流経営サバイバル術」が収録されています。

第1章

経営者マインドの秘密

―リーダーが押《お》さえるべき経営の勘所《かんどころ》―

二〇二〇年二月九日　説法《せっぽう》

幸福の科学　特別説法堂にて

1　厳しい時代に知っておきたい「経営者マインド」

会社の規模が大きくなると、仕事を教えるのは親子でも簡単ではない

幸福の科学では、経営者を目指している人とかリーダーを目指している人とかがけっこう多いので、折々に考えたことや感じたことを話しておいたほうがいいかと思っております。

今日は、そうずっと難しいところまで行くつもりはないのですけれども、「経営者マインドについて幾《いく》つか知っておいてほしい、覚えておいてほしい」と思うようなことについての話ということになります。

経営者といいますと、普通《ふつう》は会社などを中心にして、ある程度の人を雇《やと》って事

業を継続《けいぞく》している、あるいは発展させようとしている人のことをいいます。ＨＳＵ（ハッピー・サイエンス・ユニバーシティ）などでも教えてはいることはいるのですけれども、なかなか学問として教えることは実に難しいものです。

また、一代で成功しましても、それを次の代に伝えようとすると、勘所《かんどころ》といいますか、この「経営者マインドの秘密」を伝えるのは並大抵《なみたいてい》のことではありません。

特に、自宅に毛が生《は》えたぐらいの小さな店舗《てんぽ》とかでやっている場合でしたら教えやすいとは思いますが、すごく大きな規模になって、大勢の人がそれぞれ部門に分かれて何の仕事をしているか分からない規模になってきますと、親子であっても、たいてい三十年かそれ以上の年齢《ねんれい》差がありますので、仕事を教えるのはそう簡単なことではございません。

ですから、大企業《だいきぎょう》などに一代でなってしまった場合には、早々と諦《あきら》める方もいらっしゃいます。

とにかく、何らかの考え方みたいなものを遺《のこ》すことはできるのですけれども、成長していく過程で経験した、いろいろな苦労等を伝えることができないのです。内容として「こんな苦労をした」ということを話しても、ものの話としては聞こえるのだけれども、家庭のなかではもうすでに昔話風になっていて、自分のこととして受け止めることができないのです。あるいは、自分の場合に違《ちが》ったバリエーションでそれが出てきたときに、どういうふうにそれを対処していくかということまでは頭が回らないというふうなことになります。なかなか、成功にも代《だい》償《しょう》が付きもので、難しいものです。

まあ、一代でもてばいいほうです。昔は「会社の寿命《じゅみょう》、三十年」と言っていましたが、今はもう少し短くなっているものも多くて、大きな会社についてはちょっと分からないけれども、街のなかなどを見てみると、もう一年もしないうちに店舗が入れ替《か》わっているというのはよくあることです。デパートのなかでも、やはり、「あら、よく売れていると思ったのに、もうなくなった」とか「冬休みが過ぎたとか、春休みが過ぎたとか思うと替わっていた」ということがよくあります。厳しい、実に厳しいなという感じがします。

知っておくべき「あの世の経済」の秘密とは

あの世といいますか、実在界に還《かえ》りましたら、この世で使っているようなお金は、そのものを使っているところはほとんどありません。だから、これは「この世での修行《しゅぎょう》」ということになります。

実在界に還りましても、この世に比較《ひかく》的近い感覚でまだ仕事をしているつもりの方々には、多少、お金に相当するようなものを使っている方もいるとは思います。これは、本当は実際のものではないのですが、気持ちとして、そういうものがないと仕事をしている気にならないから使っているようなところも一部あります。

ただ、ある程度、霊的《れいてき》自覚が進んだところでは、もうそういうものは使わないのです。では、何を代わりに使うかというと、例えば、あの世でも、農業をやっているような人はいて、野菜をつくったり果物をつくったりしているようなところもあります。大根をつくって、これを人にあげるとしたら代金はどうなるかというと、「ああ、ありがとうございます」という相手の言葉が、代金の代わりという感じでしょうか。あるいは、何かのときには自分もまた相手に何かを持ってきてあげるみたいな感じでしょうか。

そういう意味で、物々交換《ぶつぶつこうかん》というか、原始的な経済に近くなっていきます。

もうちょっと上層界になってきますとどうなるかというと――社長とか重役とか部長というわけではないのですが、上の界の住人になってきますと――やはり

「感謝の心」から「信仰心《しんこうしん》に近いもの」へと変化していく。精神的な、尊敬の気持ちとかお礼の気持ちとか感謝の気持ちとか、こんなものがお金の代わりになります。

「いろいろと教えていただいて、ありがとう」という気持ちとか、「いい先生だったな」と思うような気持ちとか、「困ったときに助けてもらったな」とか、こういう感謝の気持ちみたいなものが、お金の代わりになります。

そういうものがいっぱい集まってくると、その人の「徳の量」といいますか、「光の量」が増えてくるわけです。多くの人に感謝されたり喜ばれたりすると、光の量が増えてくるということになります。

逆に、多くの人に憎《にく》まれたり嫌《きら》われたりすると、体（霊体）のあちこちに暗い部分ができてきたりしていって、だんだん灰色になって、真っ黒になって、下の界、地獄界《じごくかい》のほうに堕《お》ちていくような方もいます。

意地悪であったり、騙《だま》したり、不誠実であったり、あるいは間違ったことを教えたり、そういうことをしますと、だんだんに、そうした尊敬が得られず感謝の念が得られず、反対に、人々の怒《いか》りとか憎しみの念を受けてしまったり、「処罰《しょばつ》したい気持ち」のようなものが集まってくることもあります。

だから、この世では外見上うまくいっているように見えても、実際が違う場合は、あの世では困ることもあります。

2　社員が生き生きと働く「ミッション経営」とは

経営者は「ヒト・モノ・カネ・情報」等を使って仕事をつくり出すリーダー

今日は、主として、この世での話が中心ということになります。

経営者というのは、「ヒト・モノ・カネ・情報」等を使って仕事をつくり出して、みんながこの世で食べていけるようにしていくためのリーダーのような人です。

最小単位は一人だけで物を売ったり買ったりつくったりするような経営者もいると思うのですけれども、だんだんに規模が大きくなれば、相棒が要《い》ったり部下が要ったりするようになるし、機能分化していくようになります。どこまで大きくなるかはやり方次第《しだい》ですが、この世的には財務・経理的な面からも見られるようになっています。

このへんの考え方とか、「どのような考えが適正か」とかいうようなことになりますと、実に分かりにくいものです。

例えば、今話しておりますのは、幸福の科学の教団のなかの宗務《しゅうむ》本部内の説法《せっぽう》室《しつ》で話をしているわけですけれども、今日は日曜日ですが二十人ぐらいの方が聴《き》いています。しかし、日曜日になると総合本部のほうは休んでいて人がいないので、行っても説法ができません。支部はやっていますが、精舎《しょうじゃ》もやっていますけれども、総合本部のほうはやっていません。

宗務本部だと、年中無休で交替《こうたい》でやっています。全員はいませんけれども、いつも何の仕事でもできるように、交替では出てきてくれているので、年中無休で、いつでも気が向いたときに説法ができるようになっています。

　また、現代、機能が進んでいるので、録画もできますし、録音もできますし、時差でほかのところに観《み》てもらうこともできるようになっています。

　こういうことで、いつでも仕事ができるようにはなっているわけですが、けっこう、宗務本部だけでも――基本的には、秘書および、それにもうちょっと専門的な部分があるような人たちも入って出来上がっているところですけれども――だいたい五十人前後ぐらいで推移していますが、五十人ぐらい人がいますと、ほかのところでしたら、もう十分、それで教団の職員数としては多いところだと思います。（信者が）だいたい数万人程度ぐらいの規模の教団でしたら、五十人も職員がいればけっこう多いほうかなと思います。

　そういうふうに、中心部分に五十人ぐらいの人がいて、その周りにまた、総合本部があって、総合本部からまた、連絡《れんらく》が行くところの地方本部・支部があり、あとはまた、正心館《しょうしんかん》等の精舎等があり、また、国際本部系統から海外の支部とか精舎等も統括《とうかつ》しているというふうな感じで、いろいろな機能が網《あみ》の目のように巡《めぐ》らされている感じにはなっています。

でも、必ずこうなるかというと、こうはならないのです。例えば、宗教によっては「教祖周りに二人ぐらい人がいるだけ」というところもありますし、当会も初期のころでしたら「事務所のほうに秘書が四、五人いるだけ」という感じでもやっていましたので、これは、それぞれの仕事での構造によるでしょうか。

私の場合は、宗務本部内での説法も数がかなり多かったりもしますし、判断業務等も多いので、総合本部が二重にあるようなかたちには基本的になっています。そういうことで、「どういう組織形態をつくるか」ということは難しいことです。

最初は、一人社長でやっていたとしても、助手みたいな人が欲《ほ》しくなるでしょう。まずは欲しくなっていって、そのうちに、経理とかをやる専門家が欲しくなったりするし、営業みたいな感じのことができるような人が欲しくなったりとかいうようなかたちで専門分化していくと思います。

幸福の科学も、初期のころに支部とかをつくるときでも、「四人は人が欲しい」とかよく言われたことはあります。「支部長がいて、一般《いっぱん》的な主任みたいな人がいて、経理担当の人がいて、あとは情報処理系の人が一人いて」みたいな感じで、「四人下さい」とか、よく言われたことがあって、当然、却下《きゃっか》なのですけれども、「四人も使ってするほどの仕事になっているかどうか、よく見てみましょう」ということです。「四人の会社」というのは、やはりそれだけのものが必要になりますので、「付加価値が生まれているかどうか」です。

だから、最低単位は一人。支部長で全部やらなければいけない。

ほかの教団で見ても、例えば、「支部」といわず「教会」と呼んでいるところで二百五十ぐらいの教会があっても、五十ぐらいは無人というか専門の職員はいないで、土日ぐらいしか仕事がない。せいぜい金曜日の夜から土日しか仕事がないので、在家《ざいけ》の方がそのときだけ来て、あとは平日は閉めているというところもあります。

また、近所には、広尾《ひろお》などにも天理教《てんりきょう》の比較《ひかく》的大きな建物が、非常に地価の高い、いい所にあるのですが、いつもシャッターが閉まっていて、開《あ》いているときは私は見たことがないのです。どこかの日の、どこかの時間帯には開いているのだろうと思うし、もしかしたら、夜だけ開いたりしているのか、祭日とか教団のお祝いの日だけ開いているのかもしれませんが、いつ行ってもシャッターが下りていて、誰《だれ》も人気《ひとけ》がないのです。ちょっとよく分からないところもありますが、まあ、だいたいそんなものだと思います。

宗教の「信仰心《しんこうしん》」を学び「ミッション経営」に目覚めた松下幸之助《まつしたこうのすけ》

天理教も、広げるときは、自前のものはそう増やそうとはしないで、熱心な方が家を建て替《か》えるときにプラスアルファで、「庭に一間《ひとま》、広めの応接間を、八畳《じょう》とか十畳とか、ちょっと大きめのものをつくって、庭から入れるようにしておいてください」みたいな感じで、自宅で集会ができるようにしていって、それで広げていくみたいな形態を取っていたというふうに聞いています。

そのうち、だんだんお金もできて、組織も大きくなったときには、天理教の本部で製材所まで持っていたと言われています。木を切って、柱をつくったり、いろんな家を建てる部品をつくるものまで本部のなかにあったというのを、松下幸《まつしたこう》之助《のすけ》さんが天理教を視察に行ったときの話で報告されています。

昭和五年前後かなと思うのですけれども、大不況《だいふきょう》の始まりのころで、「これはいかん。このままでは会社が潰《つぶ》れて駄目《だめ》になる」という、昭和不況のころです。ニューヨークのウォールストリートの株の大暴落から始まって、世界恐慌《きょうこう》が始まったころですけれども、一九二九年に始まって、日本も翌年《よくとし》の一九三〇年ぐらいには不況が来ていると思うのですが、これが遠因《えんいん》になって戦争になっていっているわけです。

それで松下電器（現パナソニック）も困って、「天理教の本部を視察したほうがいいんじゃないですか」と言われて行ってみたら、町の工場とか店はみんな寂《さび》れてウンウン言っているのに、そこだけは、みんな法被《はっぴ》を着て勢いよくやっていて、製材所があって、どんどん木材が運び出されて、支部が建ったりしているらしいというようなことを見て、「経営に目覚めた」みたいなことを言っておられると思います。

おそらく、幸之助さんは、「信仰心《しんこうしん》」というものが持つ機能をそこで学んだのだと思うのです。「これを企業《きぎょう》に持ってきたらどうなるか」ということだけれども、同じように信仰心にはなりませんが、いわゆる「ミッション経営」というものになります。「志《こころざし》」とか「何か大いなるもののために奉仕《ほうし》する」というような気持ちを込《こ》めた経営をするということになっていくということです。そうすると、みんな喜んで働いてくれる。生き生きと働くというふうなことでしょうか。「志の経営」といってもいいかもしれません。

「天に代わりて仕事をしている。神様に代わって、仏様に代わってやっている。この仕事は、神様、仏様も必要とされるような仕事なのだ」と、例えば電球なら「電球をつくって、すべての日本中の家を明るくしていくのだ」とか、「掃除機《そうじき》をつくって、主婦を拘束《こうそく》時間から解放するのだ。洗濯機《せんたくき》をつくって、働きに出られるようにしてあげるのだ」と、そういうようなミッションを感じること。

そういうミッション経営で――（会社は）他人《たにん》が集まった所帯ですけれども、

だんだんそれを一つに束《たば》ねていこうというようなことを考えたのではないかと思います。だから、非常に宗教性の高い企業だったと思います。

ただ、今は普通《ふつう》の会社にかなり近づいてきていて、「幸之助経営」も残っていなくなりつつはあって、欧米《おうべい》系の経営形態に近づいているとは思います。「コスト」と「売上」とか「利益」とか、そういうコスパ、コストパフォーマンスを重視する経営になっているのではないかと思います。

ただ、これも基本でして、「ミッション経営」というと、なかなか、そういう情熱を説ける人がいなければできませんけれども、そこまでは行かないにしても、「経営理念」という言葉は聞いたことがあると思うのです。

一人でお店をやっているだけだったら、「モットー」ぐらいで結構なのです。「うちのモットーは○○です」ということで、「親切に人に接しよう」とか「よそよりも安いものを提供しよう」とか「新鮮《しんせん》なものを届ける」とか「笑顔で人に接しよう」とか、こういうモットーぐらいで、店一軒《けん》、魚屋一軒、肉屋一軒やコンビニ一軒ぐらいだったらやれるかとは思います。

もっと大きな規模になってきたら、（社員が）五十人とか百人の規模とか、チェーン店ができるとかいう規模になってきたら、連絡をお互《たが》い取り合えないこともありますので、会社の「理念」というものが必要になる。「経営理念」というのが必要になります。これは、すぐにはつくれません。

独立し、会社を経営するために必要な「技術」や「知識」の学び方

経営者になる場合、いきなり起業する方もいらっしゃるとは思いますけれども、なかなかそうはいかないので、たいてい、最初はどこかで仕事の勉強を普通は何年かして、それから独立するというスタイルが多かったと思います。仕事の仕方をちょっと学んだりして、あと、お金もちょっと貯《た》めたりして、独立するという

形態が多いのです。

また、「独身であるよりは、結婚《けっこん》しているときのほうが信用がつく」というふうに言われていた時代も長かったとは思うのですけれども、だいたい「何年か働いてお金を貯めて、結婚して、三十歳《さい》前後で独立する」みたいなパターンが、明治以降、比較的多かったと思います。

確か、経済評論家の日下公人《くさかきみんど》さんが書いておられましたけれども、若いころの話で、例えば、「どこそこに就職しました」「三井《みつい》物産に入社しました」というような報告をすると、「で、いつ辞《や》めるの？」と訊《き》かれたというような感じの話がありました。「普通、そうでしょう。五年ぐらい勤めて、仕事を覚えたら独立するでしょう。まさか、一生勤めるつもりではないでしょう？」という、だいたいそんなような感じで、「で、いつ辞めるの？」というようなことを訊かれるという話を何かで書いておられたと思います。

だいたい、こういうのが一つの方程式ではあったと思うのです。何らかの技術とかノウハウ、あるいは知識を持っていないと、仕事ができないことは多いのです。

ただ、あまり大きな会社になりますと、全体が見えないために、「自分の扱《あつか》っていた品については知っているけれども、ほかの部分ができない」ということも多いので、このあたりは、やはり独立しても勉強を続けないと駄目なところがあると思うのです。「△△の商品についての知識は持っているけれども、ほかの、会社経営の知識は持っていない」ということも多いと思うのです。

全体に見れば、技術者系からの、会社を立てている人のほうが多いことは多い。技術・ソフト系からつくっていて、意外に理系のほうからの経営者のほうが数としては多いと思います。

ただ、もちろん技術は持っているから、新しいものを立ち上げて付加価値を生むことはできるのだけれども、やはり、手伝える人がいないとできないでしょう。営業してくれる人も必要だし、銀行を相手に交渉《こうしょう》してくれたりする人も必要になります。

そういう意味で、自分の得意ではない分野ができる人も集めなければいけないし、その人たちと一緒《いっしょ》にやっていかなければいけません。だから、「人に使われるのが嫌《きら》いで、頭を下げたくないので、自分の得意な分野を生かして、それだけで食べていきたい」といっても、なかなかそうはいかないものです。「自分はできないのに人を使えるか」といったら、なかなか使えないことが多くて、少なくとも、アバウトには理解ができる程度、報告してもらっても理解ができる程度のことは勉強しなければいけません。

そういうものは、本屋などに行けば、『三時間で分かる○○』とか『一週間で学べる××』というような、まあ、安易ではあるけれども、自分の専門ではない領域について書いてある本とかがありますので、そんなものでもまずは手始めに何冊か読んでみる。

あと、会社が大きくなってきたら、経営者などが書いているような「自伝」みたいなものを読んでみたり、あるいは経済系の新聞とか経済雑誌等も読んでみて、いろいろな人の意見とか世の中の動きとか、そういうものを勉強する必要があります。

それから、海外との貿易まで始まるようになってきたら、今まで能力があったかどうかは知りませんけれども、英語等、語学も必要にはなるし、外国のことについても知らなくてはいけなくなってくるので、見聞と知識を広げなければいけなくなります。

3　国際競争の未来を予測する

次に流行《はや》るものを見抜《みぬ》くヒントとなる「情報格差」

昭和二十年代、三十年代ぐらいの企業《きぎょう》で、ヨーロッパに行ったりアメリカに出張したりして、海外を見聞して帰って、「自分の会社の将来をどうしようか」と思った人たちは、カルチャーショックというものがそうとうあっただろうと思います。「ええっ！　こんなものが流行《はや》っているとは」みたいな感じはそうとうあったと思います。

今、コンビニなども、日本にもそうとう広がっていて――まあ、今、ちょっと数が減り始めていますが――アメリカのほうではそうとう広がっていたものですけれども、日本のほうはその当時、「百貨店型の大きいものがやはり強い」という考えのほうが強かったので、あんな小さな〝小型の駆逐艦《くちくかん》〟みたいなものがいっぱい、多いほうがいいなどということは分からなかったと思います。

昔は、本当に、私の若かったころまでそうですけれども、「アメリカに行けば十年後が見える。十年の未来が分かる」というふうに言われたのです。確かに、「経験したことがある人は次に流行るものがよく分かる」というようなことは言われていたと思います。だから、あちらで流行ったものを持ってくるということです。

私が行っていた二十代の、一九八二年から八三年ぐらいのころでしたら、まだ、シアトルにスタバ（スターバックス）が一軒《けん》できたぐらいで、ニューヨークには、いわゆる、私たちが「喫茶店《きっさ》」と認識するようなものはなかったのです。

マクドナルドみたいなところで飲むしかなくて、あとはスタンド形式のものしかなかったと思います。日本みたいな、本が読めるような喫茶店は、はっきり言ってなかったのです。シアトルにスタバができたということで、もし、そのシアトルのスタバを見て、「これが世界中に流行る」ということを見抜《みぬ》ける人がいたら、それはそうとうなものだっただろうというふうには思います。

ただ、「情報格差」というものはけっこうあるので、情報に格差があった場合は、「先に流行るものが何か」ということが分かるということです。

日本は、後《おく》れている「航空機部門」「宇宙部門」にも進出を

それが、だんだん縮まっていって、今は、「日本が進んでいる部分」と「後《おく》れている部分」と、両方があります。「航空機部門」と「宇宙部門」は、明らかに、アメリカに比べて日本はまだ後れています。

トランプ大統領が「今年（二〇二〇年）は、日本も一緒《いっしょ》に月に行こうではない

か」とかいうような声をかけてくれているのは、珍《めずら》しい、まことに珍しい。民間人というか、経営者出身の大統領だから、そうしたことを言ってくださるのでしょう。これは「チャンス」だと思うので、宇宙にもできるだけ出たほうがいいと思うのです。

今までは（アメリカの大統領にも）戦争をやった経験を持っている人が多く、航空機部門、それから宇宙部門のところが先んじていれば戦争で負けることがないことを知っているので、これをなかなか技術移転してくれなかったのです。

いまだに航空機でも、日本は、ＪＡＬ《ジャル》だってＡＮＡ《エーエヌエー》だって、「ボーイング７７７」とか、そういうものがたくさん飛んでいます。事故率も多いのですけれども、相変わらず飛んでいます。日本ではつくれないのです。一部はつくれるのですけれども、（アメリカは日本に）全部は――航空機部門の全部は下さらないし、なかなか戦闘機《せんとうき》などでも全パーツはつくれないようにしているところはありまして、アメリカは技術優位を維持《いじ》しようとはしています。

その代わり、自動車のところとかは、日本にだいぶやられてガタガタになったのを、今、立て直しはやっています。だから、ちょっと先のところへ進んで、古いところを捨てていくというところでしょうか。

「キャッシュレス社会」でのサイバー攻撃《こうげき》の危険性について

コンピュータ業界については、今、いろいろな国が挑戦《ちょうせん》しているので、中国とかインドとかも伸《の》ばしてきているし、先はよくは分かりません。

日本は、まだここも、営業レベルというか商業レベルで使えるものは、ある程度、広がってきつつはあるのかもしれないけれども、軍事系統のほうが弱いので、やはり、やや後れを感じます。

北朝鮮《きたちょうせん》のサイバー部隊がほかの外国にある仮想通貨を抜き出して、お金を内部資金にしていますが、「経営的・経済的に苦しいので、そういうものを盗《ぬす》み出す」という技術を軍部絡《がら》みで持っているところから見たら、「日本の自衛隊は、外国の銀行からお金をサイバー攻撃《こうげき》で盗めるだけの力は、まだ持っていないのではないか」という気はします。

この前ニュースを見ていても、イランの司令官がイラクでアメリカ軍に殺されたあと、小さな反撃みたいなものがあったりはするのですが、それ以外に、「イランのサイバー部隊がコンピュータ系のハッキングを狙《ねら》っている」というようなことまで出ていたのを見て、「もしかして、イランにも負けているのかな」と思い、ちょっと心配になってきました。

だから、もしかしたら、「未来の戦争」は、本当に、実弾《じつだん》が飛ばなくして終わってしまう可能性があるので、これは気をつけたほうがいいと思います。

考え方が後れていたら、例えば、日本のコンピュータと電気を使っての通信回線のところを完全にハッキングされたり妨害《ぼうがい》されたりすると、主要な機能が全部止まってしまいますので、もしかしたら、テロなどというものは、「爆薬《ばくやく》を使ってのテロ」ではなく、そういう「電子機器が使えなくなるようなテロ」から始めたほうが、先進国の場合は破壊力《はかいりょく》が大きい可能性もあります。

銀行も、どんどん電子マネー系のほうに移行しつつあるので、昔みたいに帳簿《ちょうぼ》に全部、完全につけているかどうかは分かりませんし、バックアップする機能を持っているところも多いのですが、バックアップしている情報の集積所も狙うということができたら、実に、「戦争などが起きているということが分からないままに国が白旗を揚《あ》げる」ということだって、ないとは言えないのです。

やはり、このへんの怖《こわ》さは少し感じていてほしいと思うのですけれども、考えている人が少ないみたいなので、とても、私などは不安を感じます。

映画館に行っても、キャッシュ（現金）を使うところは一列だけで、あとはみな電子マネーになっているけれども、それを見て、このへんの怖さにつながる人はあまりいないのだと思うのです。

キャッシュレスのほうがいいように思うし、衛生的にもいいのでキャッシュを使わないほうがいいし、（キャッシュで）払《はら》うのでも千円札を入れるとお釣《つ》りだけパパッと出てくるみたいなもので、向こうの店員は何も触《さわ》らなくてもいいようになっています。

これでは、ハッキング系でいろいろなものが邪魔《じゃま》をされると、いろいろな機能が止まり始めます。

また、今、主たるメインの攻撃（対象）は人工衛星になっていると思うので、まずは第一撃、第一波は人工衛星を撃《う》ち落とすあたりから始まると思うのです。人工衛星が撃ち落とされると、ケータイもスマホもみな使えなくなって、コンピュータ系も使えなくなっていきますので、あらゆるものが大混乱になります。

その大混乱に乗じて、上陸あるいは攻撃とかいうことをなされますと、「これを修復するのにどのくらいかかるか」という計算はできていないのではないかと思うので、極《きわ》めて危険な感じが私などはしています。

宗教が心配することではないと思いつつも、こんなときに生き残れるのは、実は宗教だけです。宗教は、まだ個人ネットワークが残っておりますので、「宗教の戸別《こべつ》訪問による伝達形式で全国に知らせる」ということはまだ可能ですが、それ以外のところはもしかしたら駄目《だめ》になっている可能性もあると思います。

そういう意味で、「宗教組織も、まだバカにしてはいけない」と私は思っています。もともとはそういう情報連絡網《れんらくもう》であったし、いろいろな集会機能等があって、人々が集まって、「PRという機能も宗教から始まった」といわれているので、宗教が国内や海外にまで組織を持っているということは、非常に大きなことだと思います。

日本で私が（幸福の科学の）内部で情報発信したことでも、例えば台湾《たいわん》とか香《ホン》港《コン》とか中国の国内にまで伝わっていく時代になっていますので、「表向きの情報とは違《ちが》った意味でのバックアップがある」ということも、いいことだなと思っています。

4　組織運営と経営戦略の勘所《かんどころ》

まずは「理念とミッションの共有」と「情報網《もう》の整備」を

そういうことで、これからは、そういうふうな、まずは「理念」の共有をして、全員が似たような「ミッション」を共有できるように、例えば、一つの国のなかでミッションを共有するとともに、国を超《こ》えてミッションを共有する。

あとは、「連絡網《れんらくもう》などをきっちりとする」というようなことも大事です。

もう今はほとんどが電子メール、Ｅメール系統で連絡を取り合っているだろうとは思いますが、私が海外にいたところはまだ、「テレックス」という長いものを打っていました。

今のSNSなどにちょっと似てはいるのですけれども、言葉を全部入れると長くなりますから、例えば英語で書いた「Thank you very much.《サンキューベリーマッチ》」をテレックスではローマ字で「TKS」と当時から打っていました。「Thanks《サンクス》」の意味ですが、こういうことをやっていたのです。

今はそういうふうに（電子メールに）なっていると思いますけれども、（当時は）そのような感じで、短縮形の、記号に近いテレックスを打って、いろいろな情報を連絡していて、「外務省よりは商社のほうが上だ」と言われていました。「外務省に訊《き》いても、戦争がいつ始まって、いつ終わるか分からないけれども、商社に訊くと、いつ始まって、いつ終わるかが分かる」と言われるぐらい、情報網はきっちりしていたのです。

そういうこともあるので、「理念を共有すること」と「情報網をきっちり持っていくようなこと」をだんだんつくっていくことで、経営者としては使えるようになるだろうと思います。

日ごろから経営情報を見分ける訓練をする大切さ

ただ、ここでも非常に問題はあります。

伊藤忠《いとうちゅう》商事の会長さんになったような方は、(社長時代に)社内メールが使えるようになったときに、平《ひら》社員からのメールが毎朝五百通も入るとかいうのに対し、いちいち社長が返事をしていたというようなことを書いてあったのをちょっと前に読んだことがありますけれども、平社員の意見を社長が五百件も読んでいたら、それはちょっと経営効率は悪いのではないかと思います。それだと上の中間管理職が要《い》らなくなるのです。ビル・ゲイツもそういうことは言っていました。「中間管理職が要らなくなる」というようなことは、ビル・ゲイツも早いうちから言っていましたけれども、やはりちょっと問題はあるわけです。

何千人とか万の単位の社員がいるようなところでしたら、やはり「情報のレベル」があります。「上」が判断しなければいけないところと、「下」で判断しなければいけない、「中間」で判断しなければいけないものがあるので、全部つながればいいというものでは、必ずしもないのではないかというふうに思います。やはり、主任やチーフや、部長だ、役員だと、それぞれに判断すべき内容はあるとは思うのです。

ただ、仕事ができるようになるには、経営者の場合、自分が一人でやっていたものが、だんだんできなくなって広がっていくので、「大事な情報が入っているか入っていないか」「それは経営情報であるか経営情報でないか」ということの見分け方がとても難しいのです。

だから、その人の関心度によっては、いわゆる雑情報がいっぱい入ってくることがあって、経営情報が入ってこない。

経営情報のところは、報告すると怒《おこ》られるというか、クビが飛ぶかも分からないみたいな重大なものがあったりすると、下は隠《かく》す。ギリギリいっぱいまで自分たちで何とかしようとして、隠して引っ張っているうちに、もう手遅《ておく》れになるようなこともあります。

だから、例えば、原発事故みたいなことがあって、「これはトップに知らせると大変なことになる」と思って、自分たちだけで、何とか工場内でこれを解決しようとやっているうちに、もう国家レベルの問題になったりするようなことだってありますので、このへんの判断はとても難しいのですが、日ごろからの訓練は大事です。

「報《ほう》・連《れん》・相《そう》」ができないタイプは、経営陣《じん》に入るのは難しい

それから、本人個人としては仕事がよくできると思う社員でも、やはり評価さ

れない人はいます。その「評価されない人」というのは、独善的にやるタイプの人です。ちょっと古い言い方ですけれども、「報《ほう》・連《れん》・相《そう》」という報告・連絡・相談の機能を持っていない方です。

個人で全部をやるのだけれども、自分のところで済ませていて、「これを報告したりする必要がある」とか、「これを連絡して共有しておいたほうがいいな」とか、「相談はいちおうしてみるか」「相談はしておくか」というようなところはしないのです。できる人ほどまた、そういうことをしないでやりたがる気《け》もあるのです。

例えば、新聞社などでしたら、けっこうアクの強い人も多いのですけれども、昔から「スター記者は経営者になれない」とよく言われています。

ちょっと古くなりますが、確かに、ベトナム戦争のときに現地からスクープを連発していたスター記者がいましたけれども、やはり、そういう人は、人の目をかいくぐってスクープを抜《ぬ》き、記事を送ってきたりしていました。昔は電話をかけて原稿《げんこう》を読み上げて、本社のほうでそれを書き取って記事にしたりするスタイルが多いのですけれども、ものすごく有名な人でも、「経営陣《じん》にはまったく入れない」というような人はいて、このへんの使い分けは難しいのです。

だから、個人として「仕事はよくできる」とか「目立っている」とか「知名度が高い」とかいうことはあっても、「報告・連絡・相談」ができないタイプの方は、基本的には経営陣に入るのはたぶん難しいだろうと思います。

やはり、長くやっている方は、それなりの経験があるので、似たような経験とか類例がある場合もあるから、ちょっとだけ自分にも不安があった場合は、「一《ひと》言《こと》、相談しておこうか」とか「報告しておこうか」とかいうふうなこともあります。

また、「自分の部署では起きたけれども、ほかの部署でもこれは起きる可能性があるな」と思ったら、「横での連絡とか、情報の共有をしておく必要がある」というようなことはあります。

あるいは、そういうことに関心がない人だと、お得意様から緊急《きんきゅう》連絡が入っていても、「自分の課の仕事ではないから」ということで、ずさんな対応をして、その担当のところに連絡をしなかったために、月曜日にはもう商売を打ち切られるようなことだってあったりはするのです。

このへんは、会社レベルで情報の重要さとか、取引先とかをちゃんと知っているということは大事なことです。「うちの会社はどういうところに取引先があって、『重要な取引先』と『その次に重要なところ』とか、『一見《いちげん》さんのところ』との違《ちが》いがあるのか」ぐらいはだいたい知っていないと被害《ひがい》が及《およ》ぶことがあります。

特に、下のほうの場合には、「自分の仕事ではない」と言ってパシッと切ってしまうようなこともあるので、危険は危険です。

リスクを冒《おか》して新しい価値を生み、仕事を固めてルーティン化する

それから、経営者になっていくタイプの方は、ある程度リスクを冒《おか》さなければいけない面もあります。現状維持《いじ》しているだけでは経営者にはなれないことが多くて、ある程度リスクは冒さなければいけない。

リスクを冒して、それをやってのけられる部分が、いわゆる「付加価値」というか「新しい価値」を生む部分なのです。利益が増えていく部分は、ここです。ただ、「全部が全部リスク。新しいリスク。百パーセント、リスク」というような仕事というのは、業務形態としてはたぶん成り立たないと思います。

リスク部分は必ず含《ふく》むけれども、そのリスクがある仕事を、リスクのないところはリスクのないものとしてだんだん固めていって、ルーティン化していく。そして、「どの部分だけリスクが要るか」「何割ぐらいのリスクまで背負うか」とい

うところは、やはり限定をかけていくようにしなければいけない。

「初めての仕事」はすごく難しいですから、経営トップも絡《から》んで新規事業とかは乗り出すべきだと思います。しかし、それが軌道《きどう》に乗り始めたら、だんだん、ルーティンというか普通《ふつう》の、流していける仕事に変わっていく部分が増えていくので、「これは、そろそろ任せていいな」と思うところがあれば、だんだん下に下ろしていってルーティン化していく。

そして、「異常事態が発生したり、今まで考えていないような事態が発生したような場合には、ちゃんと報告せよ」という感じにしておくことが大事です。

だから、リスクテイキングの部分を、だんだん狭《せば》めていくことが必要です。

ただ、「全部、リスクなし。百パーセント、リスクなし」になりますと、これはほとんど現状維持に必ずなりますので、もう発展性がありません。

商売がうまくいっているときに始まる危機とは

現状維持だけを目指す組織というのは、基本的には、新しくリスクを冒して戦いを挑《いど》んでくるところに負ける可能性が極《きわ》めて高いので、「何も条件が変わらなければ、このままで続けていける」ということだけだったら、「新しい条件」が加わってきたときには〝潰《つぶ》れる〟ということです。

例えば、ホテルをつくった――そして、客室の稼働率《かどうりつ》が八割は超えているとする。八割あれば、だいたい黒字経営はできる。「百室あれば八十室ぐらいまで埋《う》まる」ということであれば、だいたい黒字は確実です。

この稼働率が例えば九割を超えたらどうか――「百室のうち九十室以上はいつも入っている」となると、「これは客がだいぶ来るから、ニーズがあるな」と見て、ほかのホテルが進出してくる。

あとから進出してくるホテルは、たいてい今やっているホテルよりも大手が、新しいビジネスチャンスを目指して出してくる。大手が川向こうに出す。あるいは、ワンブロック横に出す。あるいは、ひどいときには隣《となり》に出すとかいうことがある。これはまったく想定外のことです。

有名なブランドのホテルが、自分のビジネスホテルの隣に堂々たるものを出す。ビジネスホテルの隣に、帝国《ていこく》ホテルの何とかとか、ニューオータニの何とかとか、こういうものを出されたら、やはりちょっとたまったものではないでしょう。

向こうは資金力もあるし、簡単に潰れやしない。こちらが潰れるまで圧力をかけてくるに決まっているから、サービスをかけて、いいものを安く出して、こちらの採算が取れないようにして〝ぶっ潰す〟ところまで勝負をかけてくる。そして、潰れたら値段を普通に戻《もど》して、ほかのところと一緒《いっしょ》にする。

こういうことは、競争戦略ではやられます。

だから、商売がうまくいっているから〝百パーセント安全〟と思ったら、これまた危険度があるので、そういうものではありません。もう誰《だれ》が見てもこれは成功するしかないような状態だったら、逆に、ライバルが入ってきて揺《ゆ》さぶられることがあるのです。

それは、一定以上、知名度が上がったり、名前が知られる以外にも、儲《もう》かっているということが分かったり、認知度が上がってくると出てくるので、競争戦略は起きてくるということです。

例えば、この一年ぐらいは、台湾《たいわん》のタピオカがすごく流行《はや》っていて、あちこちでタピオカの店が開かれているのが見えます。

台湾の輸出量も増えてはいますけれども、いつまでも続くとはやはり思えない部分もあるので、これはどうなるのか。私は、これを経営的に見ています。どういうところが残って、どういうところが潰れていくのか。

映画館だってタピオカは出るし、コンビニだってタピオカを出している。タピオカの専門店は、もうちょっと高い値段で出していますが、コンビニとかは安いものを出しています。

また、喫茶店《きっさ》とかは、昔は「三百円コーヒー」「一ドルコーヒー」といわれていたのが普通だったけれども、今は六百円とか千円ぐらいのコーヒーもあります。スタバあたりでは三百何十円ぐらいです。それから、コンビニに行くと八十円ぐらいのホットコーヒー。消費税上げをものともしないで、八十円ぐらいでホットのコーヒーを淹《い》れて飲めるようにしたりもしています。外に持って帰りもできるけれども、なかでも三つぐらい椅子《いす》があって、座《すわ》って飲めるぐらいのところもある。学生とか、忙《いそが》しいビジネスマンだったら、五分か十分だったら、そちらのほうを選ぶこともある。だから、ライバルは無数です。非常にきつい。

あるいは、本屋だけで厳しかったら、本屋と喫茶店が一緒になっているところもあったりして、家賃を下げる努力をしたりしているところもある。

こういうことがあって、「完全に安泰《あんたい》だ」と思ったら、あぐらをかいたら、そこがまた危機の始まりにはなるのです。

「単なる赤字部門なのか、将来性がある部門なのか」をよく見極《みきわ》める

実際は、ある程度、事業として軌道に乗って成功してきたら、二割ないし三割、あるいは二十五パーセントぐらいは「まだ採算が取れていない、将来よくなるかも悪くなるかも分からないような部門」はちょっと持っていたほうがいいと、私は思うのです。

今が全部〝金のなる木〟になったら――商品とかサービスがなっているようだったら――先は危ないので、その黒字部門をいちおう留保しながら、一部は「未来戦略」として開発可能な部門を持っていたほうがいいと思います。今は「赤字

部門として切って捨てなければいけないもの」もありますが、「赤字部門ではなくて、まだこれは未来開拓《かいたく》用のところで、十年後は〝金のなる木〟になるかも分からないという部分」を持っておかないと、先はない場合もあるので、このへんの見極《みきわ》めは非常に大事だと思うのです。

普通の経理マン的な思考での経営をやると、「赤字になるものはすぐに潰していく、削《けず》っていく」ということをしやすいのですけれども、そうすると、売上が減る。売上が減るだけではなく、顧客《こきゃく》も減る、従業員も減る。だんだんスリム化はしていくのですけれども、採算が取れたと思ったら会社が小さくなっていって、体力が落ちているということもあります。

だから、単なる赤字部門なのか、将来性がある部門なのか、それが「まだ利益は出ないけれども、やり続けていることによって、何かの間接効果がほかにも生まれたりしている」のか。こんなところをよくよく見なければいけないところかと思います。

例えば、日本企業《きぎょう》はまだそれほどでもないのですけれども、アメリカの企業等は、「利益の一パーセントぐらいは社会奉仕《ほうし》のために使う」というところなどがわりに多いのです。そういうことは実際上はコストがかかることではあるけれども、そういうことをやっていることが、評判を上げたり、攻撃《こうげき》を受けたりしたときの防波堤《ぼうはてい》になるようなところもあります。

宗教団体などもそうでして、大きくなってくるとお金を集めたりして、ちょっと大規模に見えるところもあるのですが、全部、自分たちのためだけにやっていると、〝自己中〟に見えて批判を受けることも多いでしょう。

だから、一部は、普通のNPO団体や奉仕団体などがやっている慈善《じぜん》事業に似たようなものもやっている部分をつくっていくことが、採算にはならないかもしれないけれども社会的な信用とか認知度を得るために必要なこともあります。意外なところが、意外に効いたりすることがあるわけです。

例えば、宗教そのものではなくて、学園とかですけれども、幸福の科学学園でも例えば那須《なす》本校などは、那珂川《なかがわ》の河川敷《かせんじき》の掃除《そうじ》をしたりします。ビニール袋《ぶくろ》とか、釣《つ》り針やテグスとかが残ったりしていると、動物、鳥とかに被害が出たりするようなものを掃除したりとかしているのです。

そのように、ときどきボランティアでいろいろなことをやったりすることがあると思いますが、そんなものが、実は評判を上げているようなところもあるので、全部を採算だけで考えてはいけないところはあると思います。

そういう意味で、「経営理念」や「情報伝達あるいは相談機能」、あるいは「社会的なイメージ戦略」、こういうものを経営者は持たねばなりませんが、一部、赤字でも未来性のあるところについても研究開発を怠《おこた》らないという努力は要ると思います。

5　経営者やリーダーに必要な「心の力」

社長自《みずか》らがやらなくても、現場で解決できる〝頭脳〟をつくれ

ただ、「一代で大きくしたような人の場合は、技術系の人が社長になる場合が多い」とは先ほど言いましたが、技術系でなかったとしても何らかの意味での「ソフト」は必要です。サービス業であれ、営業に近い仕事であれ、何らかの意味での「ソフト」は必要であり、「ほかのところが考えていないようなところをよく練り込《こ》んだソフトをつくっていくこと」がやはり大事です。

そのためには、やはり常に勉強をし続けるということが大事だし、アイデア等があればそれを吸い上げていく機能等も持たねばなりません。

また、社長自《みずか》らが行ってやらなくとも、現場で解決できていくような〝頭脳〟をつくっていく努力も必要だと思います。そうしないと、〝頭〟を増やしていかないと先が伸《の》びていきません。だから、自分自身も勉強しなければいけないけれども、「知恵《ちえ》の総量を増やす」という努力は必要です。

ダイエーなども大きくなっていくときは――中内㓛《なかうちいさお》さんはすごく勉強家で、社長室等も本の山で、五万冊ぐらいは本を持っていたという説もありますが――本を読んで読んでやっていて事業のヒントにはしていたようです。

しかし、本も、場合によってはやや時差があって、何年か前に起きたことが書いてあることも多く、「現在ただいまのこと」や「これから先に起きること」は分からない場合もあるので、それだけでは足りないこともあると思います。

それから、中内さんも、「物価二分の一革命」という自分の経営方針のようなものを本にして出版したときには、「経済界」だったか「財界」だったかの月刊雑誌、経営に関する雑誌を出している、その主幹の方が来て「即座《そくざ》に〝廃刊《はいかん》〟にしろ」と言われたのを、私は覚えています。「そういうものを書いて出したら、もし経営環境《かんきょう》が変わったときに、会社の方針を変えられなくなるじゃないか。『物価二分の一革命』といったら、『うちの製品は全部、二分の一にしていくのだと宣言している』というのは、これは、経営環境が変わったら、おまえのところの会社は潰《つぶ》れるぞ。即座に〝廃刊〟にしろ」と迫《せま》られて、〝廃刊〟にしたようです。

まあ、分からないところはあるでしょう。「物価二分の一」といっても、インフレでガンガン物が上がっていったときに「二分の一」と言っていると、「ほかの会社を潰せると思ったら、自分のほうが潰れてしまう」ということもあります。

経営理念みたいなものでも、流動的に動いていくものがいっぱいあるので、「あまり固めすぎてはいけないものもある」ということを知っておいたほうがいい。勉強は続けなければいけないけれども、考えを固めすぎたら古くなる場合もあるので、それは、その時代に合わせて変化していかねばならないということです。

あとは、自分のやっている商売と正反対のやり方をやっているような同業他社の、違《ちが》ったやり方等もある程度は研究しておかなければいけない。

勝つことばかり考えている人は「負け」に対してすごく弱いので、勝つことばかり考えていないで、「負ける場合は、どういう負け方がありえるか」ということも考えている必要はあるだろうと思います。

人から好かれ、人が使える「器《うつわ》づくり」の努力をする

ただ、トータルで言いますと、やはり、経営者という人は陰気《いんき》な人よりは陽気な人のほうが絶対にいいのです。他人様《ひと》から人気が出るというか、喜ばれるとい

うか、好かれるタイプのほうがいいのは間違いありません。

陰気よりは陽気がいいし、人の短所ばかり見る人よりは長所が見える人のほうがよろしいのです。長所が見える人のほうが人は使いやすく、使える人が増えます。たくさんの人を使えますけれども、短所が見えすぎる人は人が使えなくなる傾向《けいこう》があります。

当会のなかで見ていても、そういうことはあるのです。高学歴の方、例えば、ちょっと言いにくいのですが、私の出身大学の出身学部を出たような人などの場合も、目が細《こま》かくて、もう本当に、細かい詰《つ》めをするのが好きな人が多くて、書類などでも隙《すき》のない書類をつくりたがる気《け》があるので、（頭を挟《はさ》むようにした両手を前方に動かすしぐさをしながら）目がこうなっていくのです。

大勢の人たちが、いろいろと違う動き方をいっぱいしているのだけれども、そちらのほうがみんな邪道《じゃどう》に見えて、細かい細かい詰めをする人がいます。これだと、人が使えないということもあるのです。頭のいい人が人を使えないと困るのだけれども、「頭がいい」ということが「人が使えない」ということになる場合もあるのです。

理系でも、それはあります。理系でも、正確さと速さを競《きそ》ってはいるけれども、人の粗《あら》が見えて、攻撃《こうげき》する、批判する人もけっこういると思うのです。こういう人も「人が使えないタイプ」になるので、このへんの「器《うつわ》づくり」というのを努力しないと、昔、高校時代とか大学時代にほめられたことが、そのままいくとは限らないということです。

高校時代とかでしたら、入試に出るような細かい暗記までやって、細かく詰めをしたような人が優秀《ゆうしゅう》な大学とかに行くのでしょうし、大学に入って教わったことも、先生が言ったことを一言一句《いちごんいっく》間違わずに覚えて答案に再現できるような人が、いい成績を取るとは思うけれども、あとで社会が変化したときに、それが全部、学問自体が全部〝ガラガラポン〟になっている場合もあるので、そういう頭の人は非常に危険です。

やはり、いろいろな新しい情報や事態に合わせて、あるいは知識に合わせて変化していくかたちを持っていなければいけないし、また、自分の専門ばかりにこだわりすぎて、違うものに対して見えないのはよくないでしょう。

政治家なども、「政治家」といいつつ、実際は国会で「法律」ばかりつくっていますので、法律で世間《せけん》を動かそうとしているのですが、このなかには間違いがそうとうあると思います。

法律でやるべきでないことまで法律をつくってやろうとしていることがあって、法律が増えて増えてしているので、そういう法律を廃止しなければいけない。阻《そ》害《がい》要因になっているものもだいぶあるのですけれども、いったんつくったものを廃止できない。どんどんどんどん増えていっています。国会で毎年、法律を何十本も通していきますので、増えて増えてしていきます。

法律を出したら、だんだん自由に動けなくなっていきますから、経済活動が不活発になっていって、ペナルティばかり科されるようになります。そういうところもいけないし、前例主義ばかりやるところも発展しません。だから、法学部だけをやっていても駄目《だめ》なのです。

「機を見るに敏《びん》」となり、現場で判断していくことも大事

経済学部の人たちも、もうそろそろ、私は「経済学部卒の人も〝ポンコツ〟になってきているのではないか」と今、思っています。本当に実体経済は分からないで、統計的な考え方だけで経済を見ている人が多くいます。

統計を通じて判断するときに、「経済学的人間」みたいなものを考えて、「経済学を考えて、学んでいるような人間なら、こういうときはこういうふうに動くは

ずだ」といった合理的な人間、合理的な行動を取る人間を予測して、経済予測を立てるのだけれども、世の中、そんなに必ずしも経済的な人間というか、経営理念のある、あるいは経済理念のある人間ばかりではありません。エモーショナル（感情的）に世の中は動いていくことがあるので、このへんが読めないことがあります。

例えば、「消費税が八パーセントから十パーセントに上がった。これで消費景気は落ち込むであろう。しかし、今年はオリンピックがあるから、その分、持ち直して、元以上になるだろう」と、そういうふうに予想をつけている。

ところが、その間に例えばコロナウィルスが流行《はや》って、「不況《ふきょう》が来るかもしれない」「世界恐慌《きょうこう》になるかもしれない」などと言い出すと、これは新しい経営情報が一つ加わります。あるいは、「戦争が始まる」というようなことだってあるかもしれない。

どんなものが入るかは分からないので、そういう例外を外した、理想的なかたちだけでつくれるかといえば、つくれないものが多いということです。このへんを知らなければいけないのです。

大枠《おおわく》はだいたいつかむ必要はありますけれども、新しい情報や事態に対して、柔軟《じゅうなん》なものの考え方ができないと、ちょっと何年か前に、日本アカデミー賞を東宝がお手盛りで出したような映画「シン・ゴジラ」みたいに、「みな会議ばかりしていて何も対策が立たない」みたいな感じになるでしょう。最後はゴジラが凍《とう》結《けつ》されて、動かなくなっただけで終わっていて、「殺していいのやら、どこか遠くへ運んでいっていいのやら、どうしたらいいのやら分からなくて」というような議論ばかりしていましたが、あんな状態が起きるわけです。

ですから、そういう、「機を見るに敏《びん》」な状態も持っていなければいけないし、現場で判断していくことです。現場のほうに情報が多いので、判断していかなければならないということも大事だと思います。

日本に不足しているのは、法律を最小限にする努力

まあ、役所も巨大化《きょだいか》しているし、さらに、審議会《しんぎかい》も巨大化しているので、とても大きな政府になっているし、法律が増えすぎて、よろしくないと思います。

ハイエクみたいな自由の経済学者たちは、「法律というのは最小限でいいのだ。『この法律にさえ引っ掛《か》からなければ、あとは何をやっても自由ですよ』という、その自由の範囲《はんい》を示すのが法律なのだ」と言っています。

そういう考えを持っていれば、法律というのは「柱」のようなものです。建物を建てても、ホールのようなものをつくったら、やはり、床《ゆか》が抜《ぬ》けて上がドーンと落ちてきたらいけませんから、柱はどうしても必要です。でも、柱があるとちょっと邪魔《じゃま》なことは邪魔です。柱がないほうが広々としたところが使えます。

昔、私が幕張《まくはり》メッセのイベントホール等で講演会を最初にやったころなども、（国際展示場は）柱があるので、あれが問題になりました。普通《ふつう》の講演会場は数千人から一万人ぐらいは入る広い空間です。これは確かに、耐震性《たいしん》をどう考えているのかは知りませんけれども、柱が少ないから、危ないことは危ない。上が重ければ危ないでしょう。けれども、そこでは柱がある。柱がある分、見えない人が出てくる。それから、音響《おんきょう》に変化が現れてくる。これをどうするかなどということが、最初のころはすごく困ったことでした。

解決策としては、柱の陰《かげ》のところにテレビのモニターを入れるとか、音響がだいぶ変わるところについては、音響を、ほかのところからも声が出るようにして時差があまり出ないようにするとか、いろいろと工夫《くふう》してやるようにしました。

法律をいっぱいつくると、そうした、部屋に柱がいっぱい立っているようなものので、自由に動けなくなってくるので、最小限にする努力はしなければいけないと思う。この努力が足りないと思っています。こうした法律が多いゆえに、役所の通達などが多いので、このへんが駄目です。

『トランポノミクス』（幸福の科学出版刊）のなかに書かれているように、トランプさんが「一つ法律をつくったら、二つ古いものを廃止する」とか言っていました。現実には、「一つ新しい法律をつくったら、二十二個廃止している」と言われていて、それが経済成長の一つの面だと言われていますが、実によく分かっていると思います。

自由な経済活動をやはり低下させるのは、そうしたいろいろな規制だと思うので、「規制の撤廃《てっぱい》」をしなければ駄目なのだろうと思うのです。

「お人好《ひとよ》し」は企業《きぎょう》を潰《つぶ》す――優《やさ》しさと厳しさを自在に使い分けよ

そういうふうに、経営者というのは、重要な勘所《かんどころ》は押《お》さえる、それから、人が使えるような人間にならなければいけないので、できたら、明るくて、人の長所が見える人のほうがいい。

ただ、「お人好《ひとよ》し」だったら、今度は経営で必ず潰《つぶ》すのです。放漫《ほうまん》経営で企業《きぎょう》を潰すのは、お人好しの経営者です。

私なども、どちらかというと「お人好し」の傾向が非常に強かったのでよくないのですけれども、だんだん、「いわゆる『教え』として宗教の教えを説くこと」と、組織としての教団を運営していくときの目は、やはり「『経営者の目』として、キチッと合理性がある判断をしなければいけないところは厳しく見ていくということ」と、両方の目を持つように努力はしてきました。

「お人好し」だと潰してしまうことがありますし、一般《いっぱん》的には、宗教家でそういう人のほうが多いと思います。だから、お人好しではない在家《ざいけ》の方とか、在家出身の幹部とかが厳しいことを言って締《し》め上げたりして、潰れないようにしているのが、普通のスタイルかと思います。

私も、ちょっとお人好しの気があって、なかなか厳しくできないところがあるのですが、なるべく合理的で専門的な知識や考え方を持つようにはして、やっていくようにはしていると思います。

でも、あまり人を叱《しか》らないほうだろうと思うのです。今でも、そんなに叱りません。教団で、私に叱られた人がいったいどのくらいいるか。職員が二千人ぐらいはいるとして、叱られた人というのは、なかなか、五十人もいないのではないかと思いますので、そんなに怒《おこ》らないのです。

私は、怒らないで、できたらどちらかといえば、行き詰まっているデッドロックをブレイクスルー・切り抜ける方法を自分で考えるタイプであるので、「自己責任」とまずはいったん考えて、「こういうふうなことが起きた」「マイナスが起きた」「失敗が起きた」という場合は、「ここが足りなかったのではないか」と思って、仕組みを変える、人を変える、やり方を変える、何か新しい方法を考える。そういうふうにまず考える癖《くせ》を自分としては持っています。

ただ、これだけでは本当は足りなくて、叱るべきは叱ってあげることも大事だし、もうちょっと現場に近いところで、頭《あたま》、頭脳《ずのう》がないと、やはり駄目だろうというふうに思います。そのへんが、当会のようなところでも、もうちょっと大きくなるためのコツだろうと思います。

また、会社でも大きくなっていったら、もう、もはや社長の考えている複雑な思考は伝わりませんので、「経営理念」があって、あと、それに反した、あるいは社長の指令とか判断に反した〝チョンボ〟をして、実損が出たり、失敗したような場合には、かっちりと分かるように叱ったり、信賞必罰《しんしょうひつばつ》を加える、あるいは公私をわきまえることを教える、こういうようなことがしつけとして大事なことにはなっていくのではないかと思います。

だから、本当は両立しないこと――人に優《やさ》しくなければいけないけれども、厳しいところもなければいけない――「寛厳自在《かんげんじざい》」、優しくて寛容なところと、厳しいところとが自在に使い分けられるようにならなければ、本当の名経営者にはなれないのではないかと思います。

これも、「悟《さと》りの道」に非常に似て、どこまで行っても極《きわ》めるところはないと思いますけれども、縁《えん》あって幸福の科学に集《つど》った方々には、みんな、何らかの一角《ひとかど》の人物にはなっていただいて、少なくともリーダーに、できれば大勢の人を養える、あるいはそれぞれの家庭を養えるだけの余力があるような、そうした経営担当者にもなっていってほしいと思います。

全国レベルや世界レベルの組織に要求されるものとは

当会の場合は、宗教についての専門知識や説法《せっぽう》能力等も必要であると同時に、やはり、実務的にも、ある程度、大勢の人が組織としてやっていけるような知識や経験も要求されています。

これは、どこでも本当はそうでして、キリスト教でも実際は、新卒で神学校を卒業した人がそのまま神父《しんぷ》さんとか牧師《ぼくし》さんになっても、必ずしもうまくいかないことが多い。「世間解《せけんげ》」がない、世間に対する知識がないので、信者の相談を受けても答えられないのです。

信者で社会的経験が豊富な人の相談に答えられないし、運営ができないので、「倒産《とうさん》になって教会を売り飛ばす」みたいなことがしょっちゅうあり、教会を実によく売り飛ばしています。当会も、海外で買っているのは潰れた教会が多いのです。宗教施設《しせつ》を買って建てた場合、文句《もんく》を言われないので、よく買っています。

やはり、一定の、三十代か四十ぐらいまでの間に、何か企業経験とか職業経験をして、ある程度、人が使えるぐらいのレベルになって、実績をあげたような人が出家《しゅっけ》して、あるいは一念発起《いちねんほっき》して神学を学び、そうした教学を学んで宗教家になっていく人のほうが、人が使えて運営もできるというようなことが多いようです。

バチカンでも、最後のほうというか、上のほうで、法王になる前に世界各地から選ばれてくるような人たちは、ある程度、「経営者」でもあり「政治家」でもあるような人になっているのではないかと思います。この世的な知識・経験も、ある程度溜《た》まっていかないと、『聖書《せいしょ》』に書いてあることを覚えているだけでは、たぶん駄目だろうと思うのです。

これは、特殊《とくしゅ》に幸福の科学だけが言っていることではなく、どこでも大きくなれば、要するに、全国レベルとか、あるいは世界レベルの組織になれば必要なことではあるということです。

うちの教団でも、例えば、ＴＯＥＩＣ《トーイック》で九百点以上を取っている人も百人ぐらいはいますし、七百点以上になったら数百人も、職員のなかでいます。これだと、もうほとんど、ちょっと何か外資系に近いぐらい、英語がよくできる人がそうというる感じなのですけれども、宗教にしては極めて珍《めずら》しいとは思います。ただ、これから、もし海外で支部等がどんどん増えていくような場合には、潜在《せんざい》的な予備軍といいますか、布教師《ふきょうし》、宣教師《せんきょうし》を教団内に育てているということにはなるだろうというふうには思います。

日本にキリスト教が伝道に来た一五〇〇年前後も、日本語がまったくしゃべれないで来るよりは、やはり、ちょっと勉強してから来たほうが効率はよかったでしょう。そういうことはあると思います。

（当会で）英語ができる人は、海外伝道を始める前に比べてものすごく増えていますけれども、また、国内で経験を積んだ方が、海外に教えが広がったときに、要《かなめ》になる仕事ができるようになればありがたいかなというふうに思っています。

いろいろなことについて話しましたが、何らかの経営者マインドの参考になったらいいと思います。入門レベルで話したつもりではあるのですけれども、これを参考にすれば、いろいろなかたちで気づきは得られるのではないかと思います。

第2章

人望力の伸《の》ばし方

――経営者に求められる「徳」とは――

二〇一七年九月九日　説法《せっぽう》

幸福の科学　特別説法堂にて

1　ＡＩが進化し、先が見えにくい時代に必要な人材を考える

学校ではあまり習わない判断基準、「人望力」について考え方を深めたい

今日は、「学校ではあまり習わない部分で、実社会で勉強しなければいけないものではあるのだけれども、明確に教えてくれるものがない」というか、教科書とか、そうした文化というものも明確にはないけれども、確かに判断基準として機能しているもの、「人望力」ということについて、多少、考え方を深めてみたいというふうに思うのです。

人望力に関しては、本当は、これはもう何千年ぐらいのこの歴史を見ても、い

っぱい人が出てくるから、歴史の研究をすれば出てくることはくるのです。ただ、それは昔のことで、「過去のこととして終わったこと」について言うことは簡単ですけれども、「現在ただいまのこと」や「これから先のこと」に関して、判断を加えたり予想したりするようなことは難しいことかなというふうに思います。

大きく考えてみて、日本などでいくと、一九九〇年前後のバブル崩壊《ほうかい》といわれた時期の前とあとで、何か大きく変わったような感じも多少するのです。というのも、戦後、「ゼロからのスタート」というか、かなり、「世界最低のレベル」までいったん落ちたのだろうと思うのです。

それからどうしたかというと、日本は、まずは焼け野原になったところから建物を建て始めましたけれども、同時に学校の教育に力を入れて、学校のほうにお金を使って、教員を配置して、子供を育てるというようなことでやって、新しい知識や技術を持った人を育てることをしました。

まずは技術者のところで、昭和三十年代、四十年代ぐらいは、「エンジニア」と当時言っていたかどうかは知りませんけれども、理系の技術者、理系の大学を出て、技術者みたいな人だったら、もう嫁《よめ》が来るのに引く手あまただったのです。だから、理系の有望な人のところへ嫁《とつ》いでおけば、工場はみんな生産拡大して、メーカーは売上が上に伸《の》びていて、人がいくらでも欲《ほ》しくて、というような状況《じょうきょう》だったので、そういう時代もあったのですけれども、「つくったらつくっただけ売れた時代」です。それで、経済がどんどん大きくなっていきました。

文系のほうは、役に立たない学問もあったかもしれないけれども、ある程度、役所とか大会社でも管理職になるには、文系のほうでも学歴が高い人などを据《す》えておくと会社の格が上がるような感じに見えて、そういう高学歴の方などを採っていました。何人採ったかを見たら、その会社の格が変わる感じがあって、採りたがっていたのです。

それで、会社の社業そのものは右肩上《みぎかた》がりでずっと上がり続けていましたので、年七、八パーセントぐらいの経済速度でどんどん上がっていました。金利などというものは、普通《ふつう》、何も言わなければ、当時は六パーセントぐらいあるのが普通でしたから、「百万円持っていたら、一年たてば百六万円になる」という時代です。それがまた複利でかかってきたら、どんどんどんどん大きくなっていくような、「お金を持っているだけでも大きくなっていくような時代」であったのです。

そういうところでは、確かに実際の技術者として教育を受けた人も重宝《ちょうほう》がられたし、それから、私の中学ぐらいでしたら、農家の子供などでは、高校に行けた人でも中卒で京阪神《けいはんしん》に就職した人はけっこういたので、「金の卵」といわれていました。当時、新聞にも載《の》っていました。

だから、「早く欲しい」ということで、十五歳《さい》ぐらいでもう工場勤務をしたりもしていました。現金収入になるわけですから、親は助かります。そういうようなこともあった時代でありました。

一九九〇年前後にはソ連邦《れんぽう》も崩壊して冷戦が終わった時代に入るのですけれども、それと同時に、その後、日本でもバブル崩壊というものが起きて、共産圏《けん》のほうが大きく崩《くず》れたにもかかわらず、資本主義圏のほうでも、人工的なバブル潰《つぶ》しみたいなことにより、人工的共産主義国家に近づけるようなことが起きてしまったわけです。

けっこう、その「バブル」といわれる時代に経済格差とか収入格差が広がったために、「平等がいい」というようなことが言われ始めたこともあるのですけれども、「貧しいことは憂《うれ》えないけれども、等しからざるを憂える」という世界で、差がつくのが嫌《いや》だということでしょう。

そういうことで、簡単に平等にするにはどうしたらいいかということですけれども、〝上を潰す〟ほうが早いことは早いのです。それで、グシャッと潰す。資産家のほうを潰すことをやったら、全体に経済発展しなくなっていったというような流れはございます。

戦後の発展期には重宝された「受験型秀才《しゅうさい》」が対応できない時代に突入《とつにゅう》した

それから、「役人天国」でもあったのですが、役所にも信頼《しんらい》があって、役所の行政指導を受けながらやっていたら、いろいろな業界が発展しましたし、戦後の日本の復興と通産省の奇跡《きせき》みたいな感じで言われていました。「通商産業省」という、規模は千人ぐらいの小さな役所だったのが、それが、企業《きぎょう》を指導することでだいぶ発展させたということで、八〇年代ぐらいまではずいぶんほめ上げられていました。今は経産省に吸収されておりますけれども、この役所のほうもだんだんに機能しなくなっていったと思います。

ですから、優秀《ゆうしゅう》な方は役人になったり学者になったりもありましたが、あとは銀行とかに就職する人も多かったのです。そういうバブル期というか、とりあえず「行け行けゴーゴー」で、何をやっても成功はするということだったけれども、そういうときには油断して失敗する場合が出るので、脇《わき》を締《し》めるということも大事なことであったのです。

いわゆる受験型の秀才、こういう方が——「落とし穴はここにあるぞ」とか「ここに引っ掛《か》け問題があるぞ」とか「ここはミスしやすいところがあるぞ」とかいうようなことに気がつきやすいタイプの人が——ある意味で、その「行け行けゴーゴー」の時代にとっては重宝な人材でもあったわけです。だから、会社のときどきある落とし穴みたいなものに、ちゃんと気づくような人がいてくれると助かったわけです。

その優秀な方が、例えば銀行などに就職して、融資《ゆうし》課などに配属されたりすると、どうでしょうか。やっていることは「お金を貸し出す先が危ない先かどうか」ということを緻密《ちみつ》に分析《ぶんせき》して「これはちょっと危ない！」とか「あの経営者はやる気があるようには見えるけれども、これはホラを吹《ふ》いているだけかもしれない」とか「この業界は先行きは危ないんじゃないか」とか、そういう心配性の方がいたら、銀行も不良債権《さいけん》を出さないで済むわけだから、それでも生産性につながるところはあったわけです。

ところが、経済全体がなかなか成長しない状態に入ってきたり、あるいは劣化《れっか》していく状態になってくると、そうした厳密で緻密で「減点主義型」の頭を持っている人たちがいればいるほど、今度は〝ブレーキがかかってくる〟ようになってきたわけです。

だから、大会社においても、そういうイノベーションが起きにくくて、伝統を固守するというか、維持《いじ》しておけばいいというような考え方になったり、イノベーションが遅《おく》れてくる傾向《けいこう》が出てくる。

役所なども、前例主義だと、前にやったことがないことはやりたがらないという傾向があります。

だから、そういう教育をして優秀だった方が、新しいことに対応できない時代に入っていったのかなという気はするのです。

「先の見えない時代」には思い切って昔に戻《もど》って考えてみる

それに比べて、その前の時代であれば、どちらかというとちょっといかがわしいところのある、アバウトな感じというか、「先が、海のものとも山のものとも知れないようなものに、ちょっと賭《か》けてやってみようか」みたいな感じのチャレンジャーだったような人たちが、少し、九〇年以降、出てこられるようにはなってきた。

ただ、それでも、古い守旧型というか墨守《ぼくしゅ》型の人から見れば倫理《りんり》に反しているように見えて、あまり〝泡銭《あぶくぜに》〟が動いたように見えると取り潰したくなるというような感じになってきました。

それから、二〇〇〇年前後からニュービジネス系が広がっていっているわけだけれども、この世界になりますと、今までの古い学問体系をやった人にとっては、もう、ちょっとついていけない世界で、いわば「オタクの世界」といわれた特殊《とくしゅ》な人たちが大きくなっていったというような感じの世界です。

昔で言えば、ゲームソフトなんかで遊ぶというのはだいたい邪道《じゃどう》そのものでしょうけれども、そういうものが大きくなってくる世界に入ってきたわけです。（古い学問体系をやった人は）まあ、通用しないでしょう。こうなってきたら、全然分からなくなってくるわけです。

それが、先がどうなるかは分からない。人工知能なども今は進化してきているけれども、「これ、最後はどうなるのだろう」という感じはある。

将棋《しょうぎ》の名人にも勝ってしまうようなＡＩを開発してしまったら、「プロの将棋士というものは、最後は生き残るのだろうか。どうなのだろうか」ということはちょっと分からないようになってくる。ちょっと、微妙《びみょう》に先が見えにくくなってきました。

そんなふうに、コンピュータで過去のものをインプットしたら、どんどん自分で進化していって、学習して強くなっていくような、そういうＡＩが出てきたら、何だかプロでやるのがバカバカしくなってくるような気は、やはりどうしてもします。

それから、アメリカなどに留学に行っても、もう人間が出てこないでコンピュータを相手に話をして、スコアが出て、分類されたりするような時代になっていきます。ちょっと私の時代はそうではなかったので、想像でしかないのですけれども、「何か嫌な時代だな」という感じは、直観的には受けます。「機械で採点できるのかなあ」とは思いつつも、「うーん、その基準はいったい何なのだろう」という感じはしないことはないのです。

そういうことで、やはりこの二十五年余りは、経済の低迷もあるのですけれども、同時に文化現象としても大きく変わってはきたのかなと思います。だから、今までのものがだいぶ違《ちが》ってきたのかなと思います。

もう本当に戦々恐々《せんせんきょうきょう》でして、怖《こわ》いのですが――。私は〝昔の遺伝子〟を持っていて、（若い時には）昭和の時代に生きていながら「大正教養人」と言われていました。もう今だと笑われる「昭和男」なのに、それでもその時代に「五十年古い」と言われていたので、昭和五十年で「大正の時代」と言われたのです。「大正時代だったらよかったのになあ。その時代に生きていたら、きっと尊敬されたぞ」とか言われたような人間なので、もう本当に立つ瀬《せ》がないのです。今だったら、〝もう百年遅れているのではないか〟と、本当に自分でもつくづく思うのですけれども、「どうせ遅れるなら、百年ぐらい遅れているほうが、何かすごく新しく見えていいんじゃないかな」と思ったりもしはするのです。ちょっとそんな感じがします。

だから、私は本を読んだり書いたり考えたりするのも仕事のうちですけれども、そういう意味では古いことは古いので、ある意味では現代の流行作家が書いているようなものを読んだってあまり面白《おもしろ》くもないし、素人《しろうと》がサラリーマンの通勤の合間に書いたケータイ小説レベルのものなどは、「もうこんなものに五分もかける時間が惜《お》しい」と思うぐらいの人間です。

やはり、頭のなかでは夏目漱石《なつめそうせき》や森鷗外《もりおうがい》や芥川龍之介《あくたがわりゅうのすけ》レベルの作家ぐらいが本当の作家だと思っているところもあるし、作家でなくても、思想家とかそういうものでも、その程度の重みがあるのが当たり前というふうな考えがあるのだろうと思うのです。

「すごく速く、軽く、分かりやすく、パーッと広げればいい」というような考えはどうも持てなくて、たぶん、本屋の店員に私を置いたら、ほとんどゴミ箱に捨てる本ばかりだろうと思います。年間七、八万部ぐらい本は市場で出ているそうだけれども、おそらく私は一万冊ぐらい残して、あとはゴミ箱に捨てるだろうとは思います。「こんなもの、要《い》りません。世の中にとっては時間を奪《うば》うだけで、あとは南洋材を消費して、流通コストがかかるだけで、もう置き場ももったいないですから、こんなものを読む必要はありません」と言って、たぶんヒヨコの雄《おす》・雌《めす》を分けるように、ポッポポッポポッポポッポポッとやってしまうのではないかなと思います。

「あとに遺《のこ》らないようなものは、もう出す必要もない」という気持ちはあることはあります。

その意味では、これからの時代、腹をくくれば「先がもし見えないなら、思い切って昔に戻《もど》ってみてもいいのかな」と思ったりもするのです。「昔の価値観でも通じるようなものなら、今あってもこれは遺るものだ」という考え方も、あってもよいのかなという気がします。瞬時《しゅんじ》に消えていくものが多すぎて、あまりにもつまらない感じがします。

2 「昔の秀才《しゅうさい》」と「今の秀才」の違《ちが》いに見る人材の質の変化

天下国家のために尽《つ》くす志《こころざし》を持っていた昔の秀才

そういうなかで、受験のような体制も確かに明治以降ずっと続いてはいるのだけれども、どうも人材の質は変わってきているように見えてしかたがないのです。人材の質が変わっている――。なぜかというと、昔の秀才《しゅうさい》の場合は、旧制高校気質《かたぎ》みたいなものが少し残っていたのもあるのかとは思うのです。

私の高校時代でも、文化祭などをやりますと、やはり昔の旧制一高とか三高とかの寮歌《りょうか》などを、ファイアーストームを囲んで歌っていた世代ではあるので、志《こころざし》みたいなものは、ちょっと何かみんな持っていたような感じはあるのです。

だから、「勉強ができる人」というのは、「得する人」という感じではなかったのです。「勉強ができるからお金が儲《もう》かって、うまいことやって出世できて、威《い》張《ば》れて得だなあ」みたいな感じでは、どうもなかったような気がしてしかたがない。

どちらかというと、「勉強ができる人というのは、それだけの社会的責任がかかってくるんだ」というか、「天下国家のために尽《つ》くさなきゃいけないんだ」という気持ちは、とても強かったような気がします。それは、一高の寮歌とか三高の寮歌とかを見ても、そんな感じだったような気がします。「繁栄《はんえい》する下界の巷《ちまた》を低く見て、向《むこう》ケ《が》岡《おか》(一高寮のあった地名)で志を高く持ってやらねばならん」みたいな感じは、あったことはあったのです。

だから、そういう気持ちは確かにありました。

「東大を出ているなら世の中にお返しせよ」と言われた商社の面接

それから、会社に就職する際に面接を受けたときなどでも、私が法学部だというので「法律を勉強したのだろう」ということで、法務をやる審査《しんさ》部の部長が出てきて、一対一面接もされて、二時間ぐらいこってり絞《しぼ》られた覚えはあります。

その人は京大の法学部卒の方だったのですが、貿易関係の法務問題ではけっこう有名で、本も書いていて、会社を辞《や》めても食べていけるぐらいの人だったようなのです。面接をしていたのですが、口は悪いし人相も悪い、ちょっと怖《こわ》い方ではあって、ヤクザかと一瞬《いっしゅん》思うけれども、仕事上、相手にしているのはそういうものが多かったらしいので、だいたい潰《つぶ》れた会社の借金取りと戦っているような仕事をいつもやっていたようです。

商社も金融《きんゆう》していたりしていて、焦《こ》げ付きますので、その債権《さいけん》を回収しなければばいけないのですが、そういうところにはヤクザまがいのいろいろな借金取りも群れております。そのなかで、おいしいところをやはり引っこ抜《ぬ》いて帰らなければいけないので、戦いはけっこうやってはいたのだと思うのです。

口はえらい悪いので、まあ、驚《おど》ろきました。弾丸《だんがん》のように悪い言葉を浴びせてくるので、「これはすごいな」と思って聞いてはいたのです。

私が顔色一つ変えずに二時間ずっと聞いていたので、「で、君、本当に分かっているの？　俺《おれ》が言ってること」と言うから、「ああ、分かっていますよ」と言ったら、向こうもあきれ返っていました。もうあちらの顔つきがすごい悪かったのだけれども、終わったあとは、えらい気に入ったらしくて、「どんなことがあっても、あいつだけは逃《に》がすな」ということを人事部のほうに言って、逃がしてくれないのです。「あれだけ肚《はら》が据《す》わっている男は、めったに学生なんかでいるもんじゃない。あれは使える」というようなことでした。

人事部のほうはそこまで突《つ》っ込《こ》んでなかったから、「できるだけリクルート用におとなしくしたほうがいい」と思って私も適当におとなしくしていたので、最初は〝ほどほど〟ぐらいの評価だったみたいなのです。

けれども、その口のすごい悪い審査部長の二時間の尋問《じんもん》に耐《た》えて平気な顔をしていたので、「はあ、あれはすごい」と言って、「まあ、あいつならヤクザとぶつけられるということだってあるか」と（笑）。「ヤクザとぶつけられる」というか、今で言えば「（ドラマの）『黒革の手帖《てちょう》』に出てくるような悪い男たちみたいな感じの、悪いことばかり考えている『権力の亡者《もうじゃ》』みたいなのが出てくる、ああいう悪い、金と欲に絡《から》んだのが出てくるやつを相手にするのに、会社を護《まも》るのにはいいだろう」ということでしょう。そういう妙《みょう》な裏評価がついて、だんだんあとから評価が上がってきたほうなのです。

（その部長は）それでクリスチャンだというから、余計怖かったのですけれども、「それでクリスチャンか」と思いました。さんざん人を説教して、悪口を言い続けて、最後のほうになってから「実は俺はクリスチャンなんだ」と言って、今度はキリスト教の話を最後にし始めて、「ええ？　よっぽどの罪人《つみびと》だから、許しでも請《こ》いたいのかな」と、こちらは思ったのですけれども。

「どうもキリスト教の三位一体論《さんみいったいろん》、あれがよく分からないな。何かなあ、『神とその神の独り子と聖霊《せいれい》と』というけれども、あの三位一体のところがどうもよう分からん」みたいなことを言うから、「妙なことを言う人だなあ」と思って聞いていたのです。

まあ、何かでそれは縁《えん》はあったのかもしれません。そういうことを経験はしたことがあります。

その人が言った言葉のなかに、その三位一体のことを言われたのも、「なんでか」と、ちょっと不思議な感じが残りました。もちろん、私は霊言集《れいげんしゅう》もつくるような人でしたから、そんなことは宗教的教養としては持っていた内容でしたが。

その人が、もう一つ言ったことがありました。

当時は国立というのは授業料がすごく安くて、数万ぐらいだったのです。だから、私も年間数万円ぐらいの授業料で通っていたのです。

確かに、当時の戦後の復興期等が「貧しくても勉強ができる子には税金を投入して教育をつけて、国家を背負う人材をつくりたい」という感じがあったのかと思うので、私立に比べればやはり格段に安かったのです。私立は文科系でも数十万、当時はかかっていたし、理系だったらもう百万を超《こ》えていたかもしれないと思うのですが、（国立は）授業料が数万だったと思います。それだったので行きやすかったのです。

その方は京大でしたが、その方が言うには、「国立を出ているということは、『税金で教育された』ということなんだから、それだけの責任があるんだということを知らないといかんぞ」と。「だから、『お返しの人生なんだ』っていうことが分かってるか」というようなことを言っていました。「社会に出て、自分が出世したいとか金儲けしたいとか、そんなようなことのためだけに、学歴を使っちゃ駄目《だめ》なんだぞ。東大を出ているというんだったら、『それだけ世の中にお返しをしなきゃいかん』と思わなきゃいかんぞ」というようなことを言っていたのを、つい昨日《きのう》のことのように思い出すのです。まあ、それはある意味では正しかったというふうに思います。

二十歳《はたち》ごろまで評価されていた人は、四十から五十歳《さい》あたりで大きなイノベーション時期があることを知らないと間違《まちが》いを犯《おか》す

しかし、その後何十年かして親業もやって、いろいろな人たちが子供を塾《じゅく》に小学校から通わせて、有名進学校に入れて、それから東大やそれに近いような難関

校に入れたりしているのを、いろいろと二、三十年見てきましたけれども、どうも違《ちが》う。「違う」という感じがしてしょうがないのです。

早くから塾にやってお金をかけて――小学校はタダですけれども、塾のほうでは月八万も払《はら》ったりして――ベンツで送り迎《むか》えをしたりして、親とかがけっこう出たりしてやっていました。

「できるだけ人より早く、有利な状況《じょうきょう》で物事を学んでテクニックを身につければ、ほかの人が簡単に受からないところが受かって、入りさえすれば、あとは確率論としていい大学に入る確率が上がって、さらに、いい大学に入れば、いい就職ができて」という確率論をみんな出してきて、それで、「そういうものだ」ということを言うわけです。それを何度も何度も教え込んでいる。だから、教わったほうもそういうふうな刷り込みが入っているのです。「それだけ小学校時代から勉強したら、あとはご褒美《ほうび》が来て当然だ」みたいな感じでしょうか。ご褒美をもらうために頑張《がんば》っているみたいな感じになってきて、何かそういう感じで育ってくることが多いのです。

それで、あと、大人になってからを見ると、これは当会が教えていて、『太陽の法』（幸福の科学出版刊）その他で書いてあるけれども、いわゆる秀才というのが「奪《うば》う愛」型の人生を、知らず知らず、もう完全に教え込まれているというか刷り込まれているのです。

本当は、小・中・高、あるいは大学にわたって、家族から、親戚《しんせき》から、友人から、隣《となり》近所、学校の先生、友達など、いろいろな人から、そうとうほめられたり尊敬されたりして育ってきているはずなのです。

ですから、実際は、勉強ができたりするようなことのご褒美はもうすでに受けているのです。大人になるまでの間に受けている。すでにもう十分、尊敬を受けて、いい思いもしているのだけれども、社会に出てからもそれがずっと続くと思っているような人がいるというか、「そうでなかったら、世の中が、虚偽《きょぎ》の世界が展開しているように見えている」という、そういう人がわりあい多いかなという気はするのです。これは非常に残念なことなのです。

昨日もニュースを観《み》ていて——最近は女子も優秀な方も多くなってきているので、有名進学校から東大を出て、国会議員などになっている方もいらっしゃいますけれども——二人の国会議員が取り上げられていました。両方、一流進学校から東大法学部を出て、官僚《かんりょう》や検事などになったあと、政治家になった方で、まあ、名前は挙げませんけれども、今後どうなるかは知りません。

例えば片方の方は、自分の親父《おやじ》ぐらいの年の秘書を運転手か何かで使ったのだと思うのですが、後部座席から頭を殴《なぐ》って、「このバカー！」とか言ったものを、もう何回もやられていたからでしょうが、録音されていたと。録音を準備するというのは、初めてのはずがありません。いつもやられるから、とうとう腹が立って、辞める前に録音したのだと思いますが、それを繰《く》り返しテレビで流されていました。本人は、「それは初めて言った、そのときだけ機嫌《きげん》が悪くて初めて言った」と言っているのだけれども、ほかの辞めた秘書等にも取材したら、「いや、いつも言っていましたよ」「そんな感じですよ」と言ったと。

父親ぐらいの年齢《ねんれい》の人の頭を後ろから叩《たた》いて、「このバカが！」などと言うのは、これは自分が賢《かしこ》いということの裏返しでもあるのだろうけれども、本当は仕事上のストレスが溜《た》まって、実はうまいことといかない部分を何かぶつけているのだろうとは思うのです。

でも、やはり、当会が教えている基本的なところの、「奪う愛型の人生では駄《だ》目《め》なんだ」と言っていることが、あまり分かっていないのではないかという気がします。

秀才でほめてこられた人ほど、もっともっと欲《ほ》しがるのです。もっともっと評価を欲しがり、収入を欲しがり、地位を欲しがり、名誉《めいよ》を欲しがる。とめどもなく欲しがっていくので、「上へ上へ」と行きたがるのです。

しかし、「上へ上へ」と行きたがっているのだけれども、ある意味では、擂鉢《すりばち》地獄《じごく》に堕《お》ちているかのように、どんどんどんどん、欲望の淵《ふち》に吸い込まれているようにも見えるところがあるのです。

とにかく尊敬されたいのだろうと思うのです。頭もよくて、例えば美人なら美人というようなことだったら、もっともっと尊敬されたいところがある。女性でもそういうところがあります。男性もそうです。そういうところがあります。

特に今は、男女がちょっと近づいているとは思うのだけれども、昔で言えば、男で「頭がいい」というような感じのものは、女性だと「生まれつき顔がいい」というような、十代後半あたりでは「すごい美人だ」というので評判が立つようになるのと、一緒《いっしょ》と言えば一緒かとは思うのです。

すごく、周りから見ればうらやましいかぎりで、「いいなあ」と、「人生の可能性がいっぱいあるなあ」と思うでしょう。「勉強ができれば、いい学校に行って、いい就職とか資格とかを取って、高収入になって、社会的地位があって、尊敬されて、きれいな嫁《よめ》さんをもらえて、社会的なステータスができるんだろうなあ」と。

女性でも美人さんだったら〝七難隠《かく》す〟で、勉強ができてもいいのだけれども、できなくても美人であれば、けっこういろいろな人が声をかけてくれて、芸能界で活躍《かつやく》する場合もある。それ以外でも、お嫁さんになるにしても引く手あまたということはあります。

しかし、比較《ひかく》的早いうちに確立したこの評価みたいなものが、人生で逆襲《ぎゃくしゅう》に遭《あ》う場合もあるというところです。

比較的恵《めぐ》まれていて、早いうちに人に認められた人が、実社会に揉《も》まれていくうちに、だいたい中高年に差しかかるあたりで、自分が今まで「これは当然だ」と思っていたようなことが、何か天井《てんじょう》がつかえて芽が出ないというか、先がなくなっていくときが来るような気がするのです。

管理職という壁《かべ》も一つだと思うのですが、管理職でなくても、社会的に一定の活躍をしますと、大勢の人に影響《えいきょう》を与《あた》えたり、評価に影響を与えるような立場に立つこともありますので、似たようなシチュエーションかと思うのです。

「二十歳《はたち》前後ぐらいまですごく評価されていたような方が、『四十から四十五、五十ぐらいのあたりで、大きなイノベーション時期がある』ということを知らないと、間違いを犯《おか》す」ということを知っておいてほしいと思うのです。

3　人望力のある大人物になるための条件

実社会に出てからの長い時間、変化に対応できる人間となる努力を

今言った女性の国会議員でも、四十代ぐらいに入ったあたりでしょうけれども、それは男性にだってたくさんある問題なのです。

何かと言うと、経営学者ではドラッカーさんなども言っていますけれども、「大学卒業時点の、二十二、三歳《さい》ぐらいでは、はっきり言って人材かどうかなんて判定できないのだ」というようなことは、彼も言っています。「三十ぐらいになったら、ちょっと分かってくるところもあるけれども、実際、働いてみないと分からないんだ」ということを言っています。だから、見抜《みぬ》けないのだということ

とです。学力的アチーブメントだけでは見抜けないのだということは言っています。

「でも、結果的に見ると先天性のものであることは分かるのだけれども、それは結果論で、最初は分からないんだ」と。だから、「入社試験などでいい点を取ったからといって、それがそのまま社長になれるようなのは、だいたいの場合、間違《まちが》いになる」というようなことです。

だから、役所の世界ではそれがけっこう――入省のときとか入庁のときの成績とかで一生ついて回るようなところも――多いですけれども、やはりドラッカー的考えから言えばおそらく間違いなのだろうと思います。その一点二点で、あと、どうなるものでもないところがあるのです。それで、次官にするか局長にするか、あるいは課長で止《と》めるかみたいなことをやっても、そんな大きな意味はないだろうとは本当は思うのですが、要するに、能力の査定をしつつ「能力平等の原則」

みたいなものがあって、「いったん横に並んだら、その順位は変えない」みたいな感じにするところは多いのです。

有名進学校などでも、けっこう、競争を勝ち抜いて入った人たちではあるのだけれども、なかに入ったら平等に扱《あつか》ったりするようなところがあります。一学年が四百人もいても、要するに、学力別のクラスをつくらなかったりして、妙《みょう》に平等性が強いのです。

でも、そういう一流校に行っても、英語や数学などで、「できる、できない」の差はすごくついてきますから、実際は学力に合わせて授業をやってもらわないと分からないのです。しかし、学力に合った授業をやってくれないし、また、塾《じゅく》に通う場合も、みんな行きたがる天才塾型の――まあ、ＵＦＯ学園（「ＵＦＯ学園の秘密」〔製作総指揮・原作　大川隆法、二〇一五年公開〕参照）みたいですけれども――そんなようなところへ行きたがるので、「そこでもやっぱり分からない」

みたいなことがあったりもします。

だから、偽我《ぎが》のところが強くなっていると言えば、そのとおりかなとは思うのですが。

それで何がいったい問題なのかということですが、「そういう学力、答えがある学力のアチーブメントを一定の期間内にマスターできるかどうか」という試験で、「頭がある程度、正確で緻密《ちみつ》で、引っ掛《か》け問題などにも強くて」というような能力が判定できるというのは分かります。ただ、その判定の延長上にあるのは、やはり人工知能的なもののような気はするのです。それだと、ある程度、答えに近づいていくのだろうと思うのだけれども、実際に引っ掛かってくるのは人工知能でなかなか出しにくい面のところなのではないかと思うのです。

今は人工知能が進んで、確かに、理学部・工学部系の計算問題などだったら、それは強いだろうし、将棋《しょうぎ》や碁《ご》の世界にまで及《およ》んではいるけれども、でも、例えば、セールスとか、あるいは対人関係のいろいろな調整だとか、そういうふうなものになってくると、やはり人工知能も厳しいところはあるのではないかというふうに思うのです。

昔から「大人物になる条件」としては幾《いく》つかあるのですが、例えば、「子供時代とか青年期に貧乏《びんぼう》を経験している」とか、「親の死に遭《あ》っている」とか、あるいは「自分自身が事故に遭ったり大病したりもした」とかです。

あるいは「離婚《りこん》の経験がある」とか、「浪人《ろうにん》」、それから、「就職しても会社が潰《つぶ》れたり倒産《とうさん》したり、あるいは次の就職までの間の就職浪人をしている」とか、あるいは「何かの法律に触《ふ》れて刑務所《けいむしょ》入りとか拘置所《こうちしょ》入りしたりした」とか、「思想運動とかで捕《つか》まったり」とか、いろいろな、そういうこの世的な挫折《ざせつ》みたいなものをいっぱい経験して、だんだん器《うつわ》が大きくなるというようなことは、かなり前から言われていることなのです。

人間、一本調子に上《のぼ》り続けると、やはり、なかなかその成長が加速していくことはなくて、正反対のことを経験することでそうなることもあるということです。だから、松下幸之助《まつしたこうのすけ》さんなども、「苦労をしたことがない人は指導者になるべきではない」ということを言っています。人情の機微《きび》が分からないと、確かに営業もできません。営業やサービス業はできませんけれども、同時に、人が使えないのです。やはり、いろいろ自分も苦労したことがある人は人を使えるけれども、苦労をしたことがない人は人が使えないというところがあるのです。

だから、ある意味で、進学校や、あるいは一流大学等でかつて秀才《しゅうさい》だった人が先生をやっていても、けっこうそういうところが教えられないことが多いのです。予備校などで先生をする場合でも、けっこう受験浪人をして自分なりに何かメソッドを発明して、悟《さと》りを開く代わりに何かに開眼《かいがん》して点数が上がったような経験をしたような人のほうが、先生としてはいい先生になる場合も多かったりもするわけです。

だから、あまり直線的に、「とにかく時間を縮めて早く早く成功すれば、何でも、ゴールもいい」と考えるのは、若干《じゃっかん》、甘《あま》いのかなと思います。そういう傾向《けいこう》が強い人は甘い。

実社会に出てからが長いのです。六十歳までとしても、もう、四十年近くありますけれども、実際、定年が六十五にだいたい延びようとしているし、七十五を目指そうとしている時期ですので、社会に出てからが長すぎるのです。だから、〝昔取った杵柄《きねづか》〟だけで戦えるというのは、もう難しいのです。

医者でさえ、かつて難しい医学部で勉強したとしても、医学の業界がどんどん変化していきますので、どんどん、若い人に負けていく感じです。親子で医者をやったら、たいてい、開業とかやっていれば息子《むすこ》に親父《おやじ》が追い出されると言われているように、技術が違うので一緒《いっしょ》にやれなくなってくるのです。そういうことがある。

ほかのところでもたぶん同じようなことはあると思います。特に技術的なものではたぶんそうでしょう。そういうことがある。本田宗一郎《ほんだそういちろう》みたいな「天才」といわれた人でも、（エンジンの）冷却《れいきゃく》をするのに、空冷式か水冷式かというので、若手と議論が分かれて、それで相棒に「おまえは社長を取るのか、技術者を取るのか、決めろ。社長を取るのなら、技術陣《じん》の言うことをきかなきゃ駄目《だめ》だ」みたいなことを言われたこともあって、だいたいそのあたりで引退を決めたこともあったようであります。

技術の世界も日進月歩だけれども、実はマネジメントの世界も変化は現実にはしているのだろうと思うのです。ただ、なかなかその変化対応型は難しい。

だから、そういう意味で、人間としてあまり先入観だけで縛《しば》られすぎていないほうがいいのかなと思うのです。

「型破り」であろうとする必要は必ずしもないのだろうとは思うけれども、できたら、そういう形を破っていくことに、ある程度の面白《おもしろ》みを持っていたほうがいいと思うし、新しいことにも常に関心を持つことも大事だし、逆に言えば、五十年、百年前のことなどにも関心を持つことも「新しさ」につながることもあるかなというふうには思います。

「人望力」を身につけないと管理職になっても人を使って成果を出せない

とにかく、そういう、かつての秀才型の人や、美人だということだけで得をしていたような人が、途中《とちゅう》から周りからの評価を失っていく場合、これは「人望力」というのをつけなければ駄目なのです。

そして、最終的には――日本だけでなくてアメリカでもそうだと思うのですが――数字で言う業績で言われることはあるし、それが危機レベルまで行ったらもうどうしようもないところはあるのだけれども、それ以外に組織として成果をあげるためには、やはり人間関係のところで、全員の力を高めていく能力が必要なのです。

それは「人間関係の調整力」だし、古い言葉で言えば「世渡《よわた》りの術」なのかもしれませんけれども、とにかく勉強しすぎると、やはり確かに、勉強に打ち込《こ》むために時間をセーブしますので人と付き合わなくなるし、自分の勉強だけやっていることで利己主義になりやすいのです。

若いうちは、ある程度何かをマスターするためには、やらないと資格も取れなかったり、何かで専門性を持つこともできないから、ある程度は許されるかなと思うところもあるのですが、それは二十代ぐらいのことです。三十代から四十代ぐらいになってきますと、「いや、そういうので一生懸命《いっしょうけんめい》やっていたから何も知りません」と言っても通らない。通らないのです。だから、「世間解《せけんげ》がない」というか、「『世間でこんなふうになっている』というのが分からない」ということが通らないことが多くなってくるのです。

そういう意味で、この「人望力」というものを身につけないと、少なくとも管理職になって人を使って、人気が出るようなことはありえないし、人が自主的に協力してくれて成果があがるみたいなこともありえないということです。このへんはよく知ったほうがいい。

特に、秘書を殴《なぐ》って「このバカが」という、そこまで行くのはちょっと論外としても、自分が勉強してほめられることだけに熱中してきたような方とか、生まれつき顔がきれいなのでほめられてばかりいたような人というのは、人をほめたり人を育てたりするというところに対する関心が薄《うす》いのです。

自分がほめられたり、持ち上げられて出世したりすることには関心はあっても、人をほめて伸《の》ばしたり、あるいは育てようという気持ちがやはり薄いことは薄い。

美人でもそうですが、美人で注目されて「一万人に一人ぐらいで選ばれた」というので、出世の街道には上れるけれども、実際、自分が一定の年齢《ねんれい》を超《こ》えたときに後進の者たちを育てられるかといったら、これは、けっこう難しいことです。ネガティブなことばかり言うことのほうがけっこう多くて、やる気をなくさせたり、まだチャンスのある人を潰したりすることもあると思うのです。

「自分だってその年齢のときはできたかどうか」とか、そういうことを時間差をつけて考えることも大事だし、ときどきは叱《しか》りながらほめて伸ばしてやることも大事だろうと思うのです。まあ、そういうことは大事です。

あとは、人の心というのは、みんな霊能者《れいのうしゃ》ではないのだけれども考えていることが分かることは分かるので、単に性格が悪いために怒《おこ》っているのと、「何とかしてこいつを育ててやろう」と思って怒っているというか叱っているのとでは、やはり違いがあるのです。

当会なども見ていても、ちょっとそういうことがあります。ちょっと私が甘いところもあるのだとは思うのだけれども、まだ、大企業《だいきぎょう》などになっていくための「叱る文化」が十分にないので、このへん、ちょっと甘いのかなとは思っています。

どうも、企業などで見てみると、一万人規模以上になる場合は、叱る文化が一定はあるようです。

ほめるのもほめなければいけないのだけれども、叱るのも叱らなければいけません。それも、比較《ひかく》的に若いうちから、ちょっとこまめに叱ってやらなければいけない部分はあるみたいです。

叱られ慣れていない人というか、ほめられることしか慣れていない方の場合、人を使う段階になっていきますと、要するに、業績上のマイナスが出たり失敗が出ると、自分のせいにはまずしないわけなのです。必ず他人《ひと》のせいにします。

「あいつのせいでこうなった」と言うか、取引会社のせいにするか、経済環境《かんきょう》のせいにするか、外国のせいにするか、何か外部の原因を求める。これも、当会の教えで言っているとおりです。「他人のせいや環境のせいにするな」と言っても、現実には、仕事上はやっているのです。当会の教えでは、「他人のせい、環境のせいにするな」と言っているけれども、「それは自分がやっていることだ」ということは認識がないのです。

だから、「頭がいい」ということが、一定の年齢、経験を経《へ》てくると、今度は「自己保身がうまくなる」という方向に成長していくことがけっこうあるのです。自分を護《まも》ることのみに賢《かしこ》い。

動物もそういうところはあります。それも賢さの一つではあるとは思うのだけれども、それが客をうまく騙《だま》したり、あるいは、自分の部下たちも騙したり、同《どう》僚《りょう》たちを騙したり、出し抜いたりするためだけにその頭のよさを使っているのだったら、ちょっと、それはやはり違うなということです。やはり、「より大きな責任を背負うような立場には立てなくなるのではないか」というふうには思います。

経営管理には厳しさだけでなく、長所と悪いところの両方を見る目を持った包容力が必要になる

だいたい、「自分に厳しい人」は他人《ひと》にも厳しいし、「自分に甘い人」は他人にも甘いのです。基本的にはそういうふうになるのですが、「自分に甘く他人にも甘い人」というのは、これは、人は使えないし経営はできません。基本的には潰れます。放漫《ほうまん》経営で完全に潰れます。

「自分に厳しく他人に厳しい人」というのは、まあ、引き締《し》まるのは引き締まるのです。自分が厳しい修行《しゅぎょう》をやったり、ハードなトレーニングをやらされたら、

他人に対しても、厳しくはなる。オリンピックのスポーツ強化の部長などをやるなら、そういう人が出てこないと駄目かもしれません。

しかし、これだと、会社みたいなところで言うと、課長ぐらいまでなら、何とか目が届く範囲《はんい》――課員が八人とか十人とか、二十人とかぐらいまで――だったら、厳しいだけでも、けっこう、鬼軍曹《おにぐんそう》みたいな感じで、人はある程度のところまで鍛《きた》えて育てることはできるのだけれども、それより大きくなってくると、全部は細《こま》かくは見えなくなってきますので、人を通して間接的に経営しなければいけなくなる。「経営管理」も必要になってくるので、もうちょっとアバウトな面がなければいけなくなるのです。

そうするとどうかというと、自分に厳しいのは相変わらず求められるところがあるのだけれども、「他人に対して優《やさ》しく」とは言わなくてもいいかもしれませんが、ある意味での包容力は必要にはなってくるのです。

「清濁併《せいだくあわ》せ呑《の》む」という言い方もあるけれども、「まあ、あいつは、こういう悪いところがあるけれども、こういうところはいいところがあるな」というぐらいの、両方を見る目は持っていなければ駄目です。「できるだけ長所のところを使おう」と思いながら、この悪いところは少し矯《た》めていくというか、直していくというような考え方でしょうか。そういうふうな考え方を持たなければ駄目だということです。

4　多くの人がついてくるリーダーとなるために

人望力には徳の発生原因の「智《ち》・仁《じん》・勇《ゆう》」を求めるのと似たところがある「人を育てる」ということも、一つの学問と言えば学問でもあるのだけれども、教育学で、学生を教えるというか子供を教えるというだけでは済まなくて、大人を教えるレベルになりますと、大人を教える教育学というのはそんなにないのです。実際上、それは「経営者としての成長の道」とほとんど一緒《いっしょ》になります。

そういうことで、この人望力を求めると、結局、徳の発生原因を求めるのと似たようなところがあるのです。もちろん、徳の発生原因という「智《ち》・仁《じん》・勇《ゆう》」とも関係があります。

「智」の部分は、それは仕事での専門的な知識、技術等を持っていることで、人に教えるような内容があることでしょうか。それは勉強していなければ駄目《だめ》でしょう。

「仁」の部分、愛の心みたいなものは、会社愛もあれば、あるいは同胞愛《どうほうあい》というか、一緒に働いている者に対する愛もあるし、同僚《どうりょう》たちのコンディションや家族関係への配慮《はいりょ》等もあるかもしれない。もちろん、自分の家族への配慮もあるかもしれませんが、人に対するいたわりの気持ちも要《い》るでしょう。

「勇」の部分だったら、これは「勇気」ということですが、チャンバラをするわけではないでしょうから、これは、みんなが嫌《いや》がるような仕事に先頭を切って立ち向かっていくような心です。みんなが怖《こわ》がるような仕事というか、「これは難しい」とか避《さ》けて通るようなところに、やはり、リスクを取って自分からぶつかっていくようなリーダーなら、みんながついてくるでしょう。

「ああ、これはみんなが嫌がる」「これは、ちょっと難しすぎる」というようなことは、だいたいみんな避けたいのが人情です。それをあえて立ち向かっていくというようなことであれば、やはりリーダーとしての「みんなついていこうかな」という感じのことはあります。

こういうのは、新規事業とかを幾《いく》つか当会などでやってみてもあります。新規になったら、やはりどうしたらいいか分からないので、自分で考えてやらなければいけないですから、今まで、「よくできるかな」と思っていたような人でも、「新規事業のトップをやってみろ」と水を向けたとたんに逃《に》げてしまうという人もいたり、あるいは、もう水辺をさまようみたいな感じで、「自殺でもするのか」と思うぐらいの、恐《おそ》ろしいことを聞いたりするようなこともあります。「前例があればできるけれども、ないものについてはできない」というようなことです。

「『前例がなくても考えて、何とかチャレンジして、失敗したらやり方を変えて、またチャレンジして、まだ駄目なら、次のチャレンジを』というような、そういう気概《きがい》がないのかな」と思うのだけれども、やはりないらしくて、身を護《まも》るほうに行ってしまうということです。

だから、このへん、徳の発生原因の「智・仁・勇」は、やはり、この人望力にも関係はあるのではないかという気はします。

人が嫌がることや、前面に立って戦わなければいけないようなときに、「勇気があるか、ないか」が分かるところがあると思うのです。

そういうときに立ってくる人というのは、会社が危機のときなどがそうです。危機のときや、危急存亡《ききゅうそんぼう》の秋《とき》や、強力なライバルが出てきたときとか、あるいは思わぬ筋《すじ》からの圧力がかかってきたときとかがあると思うのですが、そういうときに戦えるかどうかというのは大きいことでしょう。

あとは、できれば、若いときだけではなくて、夢を持ち続けていただきたいなとは思うのです。夢を持っているリーダーについてくる人は、やはり多いと思います。

秀才《しゅうさい》や生まれつきの美人がうまくいかないのは「かわいげ」がないこと

そういうこともあるし、あとは、全体的に言えることは、秀才《しゅうさい》や、あるいは生まれつきの美人たちで、すごいいい位置につけていると思う人、若いうちにいい位置につけていると思うような人が、全般《ぜんぱん》的に、その後、「あれ、どうしてこんなに頭のいい人が出世しないのかな」と思ったり、「どうして、こんな……。もう百人に、いや、千人に一人、万人に一人もいないような容姿と美貌《びぼう》に恵《めぐ》まれている人が、こんなにうまくない人生を生きるのかな」というふうなのを見ていると、たいていの場合、「かわいげがない」という言葉が一つ出てくるのです。

かわいげがない。なんでこんなにかわいげがないのだろうというようなところがあります。

「いやあ、分かりました。おたくさんがそんな名門高校を出ていて、名門大学を出られたこと、それはよく知っていますよ。もう分かっている。繰《く》り返し聞きました。よく話を聞きました」と。

だから、そういう方は要するに「自慢《じまん》したい」、「人に会うと自慢したいだけ」というか、自己確認を一生懸命《いっしょうけんめい》なさっているのは分かるのだけれども、そんな過去のことばかりで自慢されても、「今の問題」はどうすればいいのでしょうか。

いろいろなタイプの人を訓練し、相手のレベルに合わせて力をつけて、生かそうとすること

あるいは、「駅弁大学を卒業した私は、いったいどうしたらいいんですか。分

からんじゃないですか」と。「そんな、御三家《ごさんけ》も出とらんし、そんな、一流大学も出ていないような、駅弁大学といわれるぐらいの、もう、各駅停車みたいな地名が付いた大学を出ている私、そこに入ったような私なんかはいったい何をすればよくなるんですか。教えてくださいよ」と訊《き》きたいところでしょう。まあ、「駅弁大学」と言ったら怒《おこ》られるかもしれません。県庁所在地名が付いているような大学です。

そういう大学を出ている人は、もう最初から、「おまえは雑用をしとれ」と言われるのかもしれません。

若いうちはできますけれども、一定の年齢《ねんれい》になって、家族を養う分になったら、もうちょっと重要な仕事もしないといけないわけですから、これを教えてくれず、はなからバカにして「おまえなんかには無理だ」と言われると、もう、要するに戦力外通告であり、戦力外通告をされると使える人がどんどん減っていく。

そして、「勉強がよくできる人は、同質集団ばかりを集めて、同じような人、話が合う人ばかりとだけやる」というような感じだと、人数がいくらいても無駄で、無駄な兵士がいっぱいいいるような感じになって、駄目なのです。

だから、やはり、訓練して、そのレベルに合わせて力をつけて、生かそうとする必要はあるのです。

広い視野を持っていないタイプの人だったら、狭《せま》い範囲《はんい》でもいいから、ちょっと、エキスパートになれないかどうかを試《ため》してみるべきだし、そんなに頭がよくなくても、経験が長くなればできるような仕事もある。

特に、営業やサービス系統は、そういう面は強いでしょう。長くやっていると精通してくるところはありますので、そういう使い方はありますし、「いや、意外にゼネラルな面がこの人にはあるんじゃないかな」と思ったら、一カ所以外のところも勉強させてみたりすることも大事だと思うのです。

「他の人を育てよう」とするカルチャーをつくること

やはり、「『人を育てる』ということは、これは、思わないとそうはならないのだ。人を育てられない組織や会社というのは、結局、大きくはならないのだ」ということです。

自分で何もかもはできないのだということです。いくらカンフーの達人であれ、剣《けん》の達人であれ、槍《やり》の達人であれ、一人で戦える範囲は、もう限界があるのだということです。

例えば、カンフーの達人で、イップ・マンみたいな人と言われても、「一人で十人を相手にした」とかいうぐらいですけれども、会社のレベルでいけば、何百人も何千人も何万人も、人はいるわけですから、一人で戦ったとか、十人倒《たお》したといっても、「それでは、あとの一万人はどうするのですか」というようなところはあるわけです。一万人でかかれば十人は倒すのも訳のないことですが、だから、その「十人倒せる人」をすごく持ち上げてもいいけれども、「その結果、ほかの人がみんな遊んでいる」というのだったら、やはり駄目なのです。

だから、「他の人を育てよう」という気持ちを持っている人がいることは非常に大事なことで、そう思わなければ駄目です。まず、そう思わなければいけないし、そういうカルチャーをつくろうと思わなければいけない。

自己保身にならずに「上に諫言《かんげん》する人」「下の意見を聞く人」をつくる

だから、自己保身の塊《かたまり》みたいな人ばかりつくっては駄目です。上がそうだと、下もそうなるのです。「前年度比で実績が出されるから、今年頑張《がんば》りすぎると、来年落ち込《こ》んで査定が下がるから、今年はほどほどでやめておこう」みたいなことを、自分の上にいる人が言っていたら、下の人もだんだんそうなる。「右に倣《なら》え」になるし、やる気もなくなる。

「いや、理想からいったら、もっともっと行かないと駄目です」という気持ちを持っていなければ、やはり駄目なのです。やはり、自己保身のほうに、優秀な頭脳を使ったり、経験を使っているのだったら、それは間違《まちが》っている。

まあ、上から下を叱《しか》らなければいけないところもあるけれども、たまには、そういう下から上に対して「やはり、これは、ちょっと問題があるのではないですか」という諫言《かんげん》、諫《いさ》めるということを聞いて、それをある程度受け入れるような組織のカルチャーをつくらなければいけない。

これは、難しいことです。立場上、下の人が上の人に意見を言うのは、もう〝死〟を覚悟《かくご》というか、辞表を覚悟でないと言えないことが多いので、難しいのです。それで外れることだってたまにありますけれども、やはり、それは学ばなければいけないと思うべきでしょう。

戦《いくさ》をやるとき、将軍というのは最後の決断をしなければいけないところですけれども、周りには参謀《さんぼう》がいっぱいいます。「A」「B」「C」という参謀があって、Aは「正面突破《とっぱ》しよう」と言う。Bは「迂回《うかい》しよう」と言う。Cは「退却《たいきゃく》しよう」と言う。

「正面突破して、力相撲《ずもう》して、戦って勝つ」と言うのと、「迂回して行きましょう。見つからないように、夜陰《やいん》に乗じて行きましょう」と言うのと、もう一人の参謀は「退却です。もう今、退却あるのみです」と言う。参謀が三人来て、三人とも違うことを言う。

将軍は、自分の考えはどれかを取らなければいけないわけだけれども、「自分の考え以外の考えを言ったやつはクビにする」とか言っていたら、これはもう、意見を何もみな言わなくなります。

大将が攻《せ》めようとしているときに、「ああ、これは無理です。食料がもう三日分しかありませんから、これは、三日の食料では、もう戦いを続けられないし、退却もできなくなります」というようなことを参謀が言う。トップがそれをいちおう聞いて、それを斟酌《しんしゃく》した上で、それでも攻撃《こうげき》するというなら、それはトップの責任ですので、受けなければいけない。

参謀が反対の意見や、違う考え・意見も言うけれども、言うのは言うけれども、今度は、上がそれをいろいろ聞いた上で、何かを選びますから、「選んだときには、みんな従う」というのが、これが昔からの、戦国時代からの戦いのやり方です。

軍議をするときには、みんないろいろな意見は言ってもいいのですが、いったん、親方がこうと決めたら、いちおうそれに従って、やるということです。

だから、それに運がなければ負けます。どちらかです。勝つか負けるか、どちらかになります。

そういうことで、多少なりとも改善のことを言わなければいけないときには、それを言うことも大事だし、聞く耳をつくるというか、その肚《はら》をつくらなければいけないというところでしょう。

「不完全な人間」という自覚と同時に、「鍛《きた》えればできる」と知ることが大事

それにつけても、そのきついこともたまには言ったり受けたりもしなければいけないようなときにも、人間としてあまり完全無欠な完璧《かんぺき》性を持ちすぎていると、人を批判してもきついし、最後通告みたいにみな聞こえるところがあるので、多少、その緩《ゆる》やかな部分が必要なのです。それが、やはり、「かわいげがある」というような部分に相当するのではないかなと思います。

そのかわいげのもとになる部分は何かというと、やはり、「自分もそんなに完全な存在ではないのだ」ということをよく自覚していることです。「自分が不完全な人間だ」ということをよく自覚していることと同時に、「自分も鍛《きた》えればできるようになったことがいっぱいあるのだ」ということも知っていることが大事です。

だから、「ほかの人も、やはり、不完全な存在でもあると同時に、鍛えればできるようになる面を持っている存在なのだ」という気持ち、これを持っていることが大事です。このへんを持っていると、偉《えら》くなっても、ある程度かわいげのある人間として生き残ることができる。

「自分は完璧で、一切の批判を寄せつけない」とか「聞かない」という感じは滅《ほろ》びに至るもとだと、気をつけたほうがいいと思います。〝百戦百勝の項羽《こうう》〟みたいな感じになってしまうかと思います。今の北朝鮮《きたちょうせん》の金正恩《キムジョンウン》などもそんな感じで、誰《だれ》の言うこともきかないだろうとは思いますけれども、実際の戦い、実戦をやってみたらいい。「自分が思っているのと、どれほど現実が違うか」は、やってみたら分かります。

それは、やはり〝若い〟のだと思います。まだ三十代前半ぐらいだと、怖いもの知らずで、イエスマンばかりに取り囲まれているから、「アメリカと戦ったらどうなるか」などというのはなかなか想像はつかないし、お追従《ついしょう》ばかり言うのが周りにいて、反対した人はみな処刑《しょけい》されていますから、いないはずなのです。

実際に、「人数だけ軍隊がいたって役には立ちやしないのだ」ということです。その戦い方や、あるいは武器効率や、そうした戦略・戦術、いろいろなものを併《あわ》せて知らないと、「自分のことだけ誇示《こじ》していても、人のこと、相手の力をよく分かっていなければ、やはり惨《みじ》めな結果に終わる」ということで、最後は悲惨《ひさん》になります。そういうことになりやすいので、気をつけたいと思います。

中堅《ちゅうけん》になるまでの間に、「人望力を伸《の》ばそう」と考え続けることが大切

そういうことで、「人望力の伸《の》ばし方」と言いましたが、まず、そう考えなければいけないのです。中間管理職というか、中堅《ちゅうけん》になるまでの間に、それをずっと考え続けておかなければ駄目です。空気みたいなものだけれども、確かに存在して、機能しているものなのです。

会社が傾《かたむ》くときは、やはり、リーダーたちに人望がなくなっていくときです。そのときは、どんどん人も逃げます。今だったら民進党から離脱者《りだつしゃ》がどんどん出ている（説法当時）。もう人望がない証拠《しょうこ》です。

この「人望」というのは、極め尽《つ》くしがたいが、「徳」によく似たものに、プラスアルファ、何かが必要なものだというふうに思ってもいいと思います。

第3章

いま、政治に必要な考え方

――未来を拓《ひら》く国家経営の秘策――

二〇二〇年七月十八日　説法《せっぽう》

幸福の科学　特別説法堂にて

1　新しい時代に要《い》らないもの、必要なものは何か

国民の要求を満たすために埋《う》め合わせをしようとする「後手後手《ごてごて》の政治」

国内外共に、政治的なことがいろいろと行き詰《づ》まっているように見えますので、折々に追加していかなければならない意見もあると思います。

現時点で、「日本の政治」も話の中心ですけれども、それ以外も含《ふく》めて、考え方として言っておかねばならないと思うことを、今日は簡潔にできるだけ述べていきたいと思っています。

だいたい、後手後手《ごてごて》の政治というのは「何か必要が起きて、それを満たす」と

いうか、「その国民の要求を満たすために埋《う》め合わせをする」というふうな考え方をするのが後手後手の政治でしょう。

だいたいはそういう感じで、昔の商品の生産と一緒《いっしょ》で、「需要《じゅよう》があれば、つくって供給する」という考え方が流行《はや》っていました。今もそうかもしれません。

もう一つ前は違《ちが》いまして、物をつくれば、それは売れるという時代がありました。百年余り前ぐらいの考えはそうです。つくれば売れる。例えば、自動車をつくれば売れる。電球をつくれば売れる。そういうふうに、「物をつくれば供給がついてくる」というような考えがありました。

それから次には、「売れる」ということが分かると、競合するもの、ライバルが出てきて競争が働くようになってき始めたので、「つくったら売れる」とは限らなくなってくる。だから、代替《だいたい》手段というか、ほかの選び方ができるようになります。

例えば、移動するのでも、昔なら鉄道しかない。その前は馬車だった。馬車しかない。馬車しかない時代に鉄道をつくったら、みんな笑っていた。「鉄道はまっすぐにしか走れない。わざわざ大規模な工事をして、土地を買収して、レールを敷《し》いて、その上に鉄でつくった乗り物を乗せて、それを走らせて、これに人を全部詰め込《こ》んで走らす」というのは、非常に非合理なことに見えまして、反対運動がいっぱい起きて、馬車の御者《ぎょしゃ》たちは笑っていたし、馬車を愛用していた人たちも笑っていました。

「馬車だったら馬がいて、馬一頭でもいいし二頭でもいいし、あと、ちょっとした、人が乗れるぐらいの客席を付けて、御者がいれば、もうどんな大きな道であろうが、野原だろうが、あるいは街中《まちなか》の狭《せま》い道だろうが走れるから、馬車のほうがよっぽど便利だ」と思っていたのが、鉄道というのが出た。「これは非常に不便なもので、窮屈《きゅうくつ》で考えられない」と思っていたのに、鉄道の成立によって大量の輸送というのができるようになって、人的な輸送から物的な輸送ができるようになりました。

アメリカで言えば、東海岸から西海岸を鉄道で移動できるようになったことによる「人の移動」や「物流の移動」は非常に便利だったでしょう。西海岸に着いた物を東海岸に届けるのはけっこう大変なことだったでしょう。

だから、こういうことが、実際は起きてみないと分からない。

社会の変化のなかで「勝ち残るもの」と「消えるもの」が出てくる理由

それで鉄道だけで終わりかといったらそうではなくて、次は、「自動車の時代」がやって来る。すると、今度はまた、馬車をもっと進化させたようなものになってきました。

自動車も、最初は、「ワンパターンのものばかりつくって安くしていく」というのが流行《はや》りました。T型フォードみたいに黒塗《くろぬ》りのもので、「黒塗りであるかぎりいくらでもつくれる」というようなフォードの考え方で、「従業員の給料で買える車をつくる」ということで、大衆車にして流行らせるということをやりました。だから、違いはプレートナンバーだけです。

そうだったのが、ほかのところがこれを破るのに、まずは「中古車市場《しじょう》あたりから狙《ねら》って、そのあたりでいろいろな車を買って売る」ということをやり始めて、次に、新車で違った形のものを次々出していくということを始めました。

大量生産をすればコストダウンで安くなるから、これはもう「経営の必勝の方法」だったのが、車の色を変えるだけでも手間がかかりますし、サイズを変えるだけでも手間はかかるし、ドアの付け方を変えるだけでも、馬力を変えるだけでも、燃費を変えるだけでも、手間がかかります。だから、経営コストは悪くなるはずであるのに、だんだん社会が豊かになってくると、違った車に乗りたがるようになってきました。これはまことに不思議なことです。

鉄道のほうはどうかというと、基本パターンは変わらないけれども、だんだんに、快速、特急、新幹線みたいなアムトラック（アメリカの旅客鉄道）、そういう乗り心地《ごこち》がよくて速いというものが流行っていくようになりました。

今から見ればちょっと笑い話になるかもしれませんが——私の中学生ぐらいのころだと、もう五十年も近く昔になりますけれども、当時、新幹線は、テレビが普及《ふきゅう》し始めたころと東京オリンピックのころあたりに開通したと思います。

実際に乗ったのは中学校に入ってからだったと思うのですが、大阪《おおさか》から東京まで新幹線に乗ってみると、カーブが、ガーッと、緩《ゆる》やかなカーブで回っていくときに車体が傾《かたむ》いているのです。傾いていて、テーブルにコーヒーを載《の》せていて、「これがこぼれるか、こぼれないか」というのを、ずいぶん注目して見ていたのを覚えています。斜《なな》めになりながら、こぼれないで曲がっていくというのを見て、すごいなあとか思ったのを覚えています。

最近は、食堂車というのはあまり聞かなくなったので、もうなくなったのかもしれませんが、弁当を売っているから要《い》らなくなったのかもしれません。

でも、当時は、食堂車はありまして、食堂車に行って食べていても、走っていて食べるというのはけっこう大変なことなのです。曲がったりしたとき傾いたりしますので、そういうのもあって、食堂車まで行くのには、歩いて左右に揺《ゆ》られながら、手をつきながら行っていたのを覚えています。

いろいろ工夫《くふう》したり廃止《はいし》したり、まあ、いろいろなことをやりながら、やっています。

一年前（二〇一九年）の秋には、長野に台風で大雨が降って、洪水《こうずい》になって、新幹線の車庫で、新幹線が〝九台〟だったか〝十台〟だったか忘れましたけれども、水浸《みずびた》しになって、全部廃車になってしまったというようなこともありましたから、そんな洪水のなかを走る新幹線は考えていなかったのだとは思います。そういうようなこともあります。

いろいろなことが起きては、変更《へんこう》をかけて、サービスを追加して、要らなかったらやめてなどと、いろいろなことをやっています。

今だったら、コロナウィルスが流行っているので、車内のサービスをやめてみたり、一部やってみたり、いろいろなことをやっています。

サービスになるのかならないのか、よく分かりませんが、「従業員から〝菌《きん》〟をうつされたら嫌《いや》でしょう」ということで、従業員を出さないほうがサービスになるのか、出したほうがサービスになるのかは、難しいところではありましょう。

そういうことで、最初はつくれば珍《めずら》しくて売れた。次は、必ず、便利になってくると参入が入ってくるので、いろいろな種類のものをつくり始める。競争が起きる。「勝ち残るもの」と「消えるもの」が出てくる。さらなる進化が出てくる。

例えば、新幹線のライバルは飛行機でしょう。でも、実際上は、新幹線が速くなれば、飛行機が厳しくはなってくるところもあって、東京、名古屋《なごや》とか、大阪とかになると、飛行機と新幹線と、まあ、いい競争をしています。空港までが遠いと分からない感じにもなってきます。

こういうことで、いろいろなかたちのものが流行ってきます。

船も一時期、すごく速くなるという話があって、「日本からアメリカへ行くのに、ものすごい高速で船が移動できる」という話を、だいぶ、十年以上前に聞いたのだけれども、あまり実用化されていないので、やはり、なかなか、コスト面とか危険の面から見て、そうはならないのかもしれません。

イノベーションにおける二つの考え方
――「要《い》らないものがないか」「新しい時代に必要なものは何か」

そういうことで、現状維持《いじ》していては時代は変わっていかないので、必ず、時代が変わっていくときにはイノベーションが起きます。イノベーションというのは、改革とか、改良とか、新発明とか、そういうものです。とにかく、そういうものが起きてきます。

このときに、ピーター・ドラッカー風に言えば、「イノベーションというのは体系的廃棄《はいき》なんだ」という珍しい言い方をしていたと思います。「今までやっていて、みんなが当然と思っていたシステムとかやり方をバサッとやめてしまうことがイノベーションなんだ。イノベーションというのは、何か新しいものをつくることだと思っているかもしれないけれども、今までみんなが従ったことを、やめてしまうことだ」というようなことも言っています。これも発想の転換《てんかん》としては大事なことです。

現代においても、いろいろな面でのイノベーションは常に必要とされています。イノベーションの発想の中心は、やはり「新しいものをつくる」「新しいサービスをつくる」「今までにないものをつくる」ということで、これが確かに付加価値を生みますし、ゼロであった富が急に発生しますので、それは大きいことです。

ただ、その発想のトレーニングの前としては、「現にやっていることのなかで無駄《むだ》なこと」、「もう時代遅《おく》れになっていること」、「くだらないこと、要《い》らないこと」、あるいは「新しい変化のためにネックになっているもの」、これを捨てていくということが一つではあろうかと思うのです。

そういう目で、まずはちょっと点検してみて、会社でやっている仕事、政府でやっている仕事、その他いろいろなかたちでやっている仕事のなかで、「要らないものがないかどうか」というのを、まず一つは考えてみる。

それを考えると同時に、「新しい時代に必要なものは何か」ということを考える。

この両面から考えていく必要はあるわけです。

2　赤字の国家経営を続ける「大きな政府」の無駄《むだ》

政府が大きくなると無駄な仕事が多くなる

要《い》らないもののなかで、最も大きいと思われるものの一つが「政府」です。

ここ五十年ぐらい戦いはあるのですけれども、もともとは、自然災害とかいろいろなもの――台風、地震《じしん》、津波《つなみ》、洪水《こうずい》、火事、噴火《ふんか》、いろいろなものがあって、国土が疲弊《ひへい》し、国民が飢《う》えて苦しいときに、政府がいろいろな援助《えんじょ》をしてくれたり、あるいは藩《はん》とかそうした地方都市が援助してくれるのは大事なことだったし、そういうものがない場合は、宗教なども炊《た》き出しとかをいつも教会でやったりして、貧困層《ひんこんそう》を救うということをやっておりました。

それが、だんだん政府の機能のほうに吸収されていって、今、「大きな税金を取って大きな予算を組んで、そして、バラまく」というかたちになってきたし、保険が発展したのと同じような考えで、「そうした不幸が起きた場合は、政府が一手に引き受けて解決する」みたいな感じでしょうか。そういうふうになってやって、一見、非常に効率的になったようにも見えるけれども、反面、無駄《むだ》な仕事というのがとても多くなっていることは事実であると思うのです。

だから、「新自由主義」とかいわれる考え方のなかには、もう「政府からの自由」という言葉を言って、「民間にやらせなさい、任せなさい」というようなことで、「民営化」というのが一九八〇年代ぐらいからだいぶ流行《はや》ってきました。

日本で言えば、私の上の先輩《せんぱい》、大学の一年上の先輩までは国鉄に入社したのを覚えているのです。私は剣道《けんどう》部にいたので、そういう運動部だと、けっこう連綿と先輩から後輩にと、引っ張られて入っていくようなところが多く、運動部系統だったら、国鉄とか警察とか、そんなところには非常に喜ばれるところではあるのですが、一年上が国鉄に就職して、私の年のころにはもう国鉄はなくなっていっておりまして、「ＪＲ」というふうになっていて、「あれ？」ということがありました。

それまでの人は、「国鉄は永遠なり」みたいな感じで、「国鉄に就職したらもう一生安泰《あんたい》で、もう出世は確実で」という感じでした。特に、昔の東大は帝国大学《ていこくだいがく》のころからの流れも引いておりますので、東大から国鉄とかに入ったら、「もうトントン拍子《びょうし》に出世して、三十までには駅長になれて」というような感じだったのです。もう、偉《えら》くなれるのは決まっていて、能力なんか要らなくて、入ったら終わりなので、あとは、年功序列でどんどん偉くなるようになっていました。

警察も一緒《いっしょ》です。東大生で体力がある人はほとんどいませんので、「剣道部だ」「柔道部《じゅうどうぶ》だ」「空手部《からてぶ》だ」などといったら、もうそれだけでも警察なんかは大喜びで採《と》ってくれる。本当に犯人を取り押《お》さえられるかどうかなんか、そんなのは考えていないのです。

実際、犯人を取り押さえるとしたら、向こうのほうが強い場合が多いと思います。勉強しすぎた人の場合は体力が弱いため、逆に倒《たお》される可能性が高いとは思うのです。

そういう人が多いなか、「剣道をやった」「柔道をやった」「空手をやった」という人がいたら、それはもう非常な希少価値でありますので、警察などに入ったら、これはまた三十歳《さい》で警察署長になって、自分のお父さんの年齢《ねんれい》の人たちを部下で使っているみたいな感じで、非常に出世が早い。このへんは、もう、そういう感じでした。

大蔵省《おおくらしょう》（現・財務省）なども当時は人気はあったほうだけれども、入っても、必ず出世するとは限らないところもありました。二十人ぐらい採って、四人ぐらいは局長にはなれるけれども、あとの十六人ぐらいは課長までで終わるか、途中《とちゅう》で辞《や》めていることが多いのです。次官が二年に一人ぐらい出るぐらいです。

警察の場合は、確実に出世する。あとは軍隊系です。自衛隊とか、あんなものもそうですけれども、確実に出世するコースではあるわけです。

東大紛争《ふんそう》があったころ、例えば一九七〇年安保《あんぽ》で、東大安田《やすだ》講堂で砦《とりで》をつくって戦ったときなどは、管轄《かんかつ》は本富士《もとふじ》署という文京《ぶんきょう》区の警察署ですけれども、署長をやっていたのは、東大卒の三十歳ぐらいの方が署長をやっていました。

安田講堂の上に立て籠《こ》もって、マスクをかけてヘルメットを被《かぶ》ってタオルを巻いて、棍棒《こんぼう》を振《ふ》り回しているのが、だいたい東大医学部の学生で、年齢はけっこう向こうも行っている人も多かったと思います。そういうのが攻防《こうぼう》戦をやっておりました。

まあ、そういうこともありましたが、能力の判定が関係なく上がっていける、年功序列で順番で上がっていける。

役所も今、「いくらでも代わりはいる」という感じで、上がってはおりますけれども、このなかにも、無駄な者はいっぱいいるでしょう。民間だったら、「一年ごとに社長が替《か》わって大丈夫《だいじょうぶ》」などという会社というのは、ちょっと心配なぐらいであり、「そんなに簡単にできていいのか」という感じでしょう。まあ、「飾《かざ》り」になっているという感じになりますけれども、役所系統ではそういうことになりました。

どんどん予算は多く要るし、権限も欲《ほ》しくなるし、だんだん広がっていくし、国会もやってくれるけれども、毎年毎年、法律が増えていくわけで、法律ばかり通っていく。だから、『六法全書』なども厚くなる一方で、今、大きなものは二分冊《にぶんさつ》になっていますけれども、だんだん覚えられなくなるでしょう。もう機械に頼《たよ》らないと難しくなってきているようになっていると思います。

人気取りやPRのためのバラマキに税金を使う政治家たち

ただ、だんだん、そういうふうに図体《ずうたい》が大きくなっていくにつれて、小回りが利《き》かなくなって、アバウトなことしかできなくなっていくのは当然でしょう。

最近では、コロナウィルスが流行ったときに、「アベノマスク」とかいうのを五千万軒《けん》ぐらいに配るとか言ってやっていました（説法当時）。これなども、首相というよりは首相秘書官の一人で、経産省出身の秘書官が思いついて、経産省に命令して、「どこでもいいから、マスクをつくれるところを探せ」などと言って発注して、四百何十億円か予算を使って、マスクをバラまいたというのです。

しかし、「つけている人はほとんど見当たらない」ということで、よく見れば、首相が歩いているときに後ろを歩いている秘書官あたりは同じマスクをつけているような感じはしますが、それ以外の人はほぼつけていない。

だから、「一人の秘書官が思いついたぐらいで、それで、四百何十億円を使ってバラまいて、誰《だれ》もつけていない」みたいなことは起きるわけです。

まあ、本当に親切な政府ではありますけれども。一生懸命《いっしょうけんめい》、みんなで、何か、新聞の一面記事の見出しになるようなこととか、テレビの見出しになるようなことを考えているのです。それに載《の》るようなものはないかと思って、それをいつも考えているわけです。

あるいは、最近では、最初は熊本《くまもと》を中心に大雨が降って、洪水になって、そのあと、九州全域とか中国地方とかにも洪水が広がりましたけれども、そうしたら、何日か後に、安倍《あべ》首相が「熊本を視察に行く」とか言っているので、「ああ、行かなければいいのに、また行くのか」と、私なども思ったのです。見たって分かりはしないし、危険な所に行くわけがないから、もう、だいたい終わっている所に行くだけでしょう。

「行かなければいいのになあ」と思ったけれども、「見に行く」と言った。行ったら、「はい、対策費で四千億円を出します」などと言って帰ってきています。そうなるのはもう分かっているから、「行かないほうがいい」と言っているのですが。

だから、「四千億円の対策費」というのは、計算の根拠《こんきょ》なんて全然ありはしないのです。ないに決まっているのです。もうとりあえず、「何かやった」というようなことを記事に載せたい、新聞とかテレビで載せたいから言っているだけで、計算の根拠など、あとからゆっくりと考えるということです。まあ、どうするかと。それで、「実際に使われたかどうか」も結局、分からないということなのですけれども。

そういうふうに、「あれ？　首相って、そんなにパッと行って、『四千億円出そう』とか言えるような、そんな権限を持っていたんだっけなあ？」というような気はするのです。「予算は、いちおう国会の承認を得なければ出せないのではないかなあ」と思うのですけれども、パッと、そういうことが言えるらしい。もう、昔の殿様《とのさま》とも変わらないようにはなっているようです。そういうこともあります。

あとは、選挙の前になったら、もう、与党《よとう》も野党も、「社会保障」「社会福祉《ふくし》」ということを必ず言います。税収は上げなくてはいけない。税率は上げる。税を上げる理由は、もうほとんど、老後の安心、医療《いりょう》、社会保障、こういうものです。孤独死《こどくし》とか、あるいは「病院に行けない」とか、そういうようなことがあってはいけないので、「社会保障を厚くする」とか、選挙のときにはそう言います。

そして、選挙が終わると、与党も野党も、そんなのはかなり忘れていってしまいます。

現実、結果をずっと見てみると、例えば、五兆円ぐらいの税収増を目標にして何かをやった場合、社会保障に回るのは本当は一兆円ぐらいで、あとの四兆円で何をしているかというと、バラマキです。本当にバラマキなのです。だから、そういうことができるわけです。熊本に行けば「四千億円を撒《ま》く」とか、何かを見たら幾《いく》ら撒くとか、すぐできてしまうわけです。

だから、こういうことが発生して、人気取りとかPRのためにお金を使うようになって、「大きな政府」になっていくわけです。

大きな政府による〝空振《からぶ》り政策〟で失業者が増大したのは「人災《じんさい》」

そして、今回、今もう、「百年に一回の大災害」だとか、いろいろコロナウィルス関連のことも言っているのですけれども、でも、つぶさに見れば、自然災害風には見えるが、「人災《じんさい》」と言えば「人災」にも見える。

会社の経営がいろいろ傾《かたむ》いて、失業者がいっぱい出て、それを救済しなくてはいけなくなった原因というのは、全部、政府から出ている発信、あるいは東京都知事以下、地方公共団体の長《ちょう》が発信していることが原因になっています。「働くな」と言って何カ月、「旅行をするな」と言って何カ月。そのあと、今度は、「倒産《とうさん》するかもしれない」というので、慌《あわ》てて、あと何日か後ですが、「Ｇｏ Ｔｏ キャンペーン」とかいうのをやろうとしています（説法時点）。

これは国土交通省ですけれども、「団体で国内旅行をしたら補助金を出す」みたいなことをやろうとしたら、東京の（新規）感染者数《かんせんしゃ》が最高になったりして、「東京は外す」とかいうことになりました。ほとんどが、九割ぐらいは、東京から出発して東京に戻《もど》ってくるようなものがテーマだったのですけれども、「東京の感染者数が増えた」といって、それだけで「東京を外す」という話になったりして、もう本当に、ろくでもない仕事ばかりやっているのです。

こういうのを見て、何十年も前に、ハイエクとかミルトン・フリードマンみたいなシカゴ学派の経済学者たちは、「大きな政府は要らない。もう何もしてくれるな。ほっといてくれ」というようなことを言いました。「民間でできることは民間でやり、個人ができることは個人でやれ。何もしてくれないほうが助かる」というようなことを言ったわけで、自由の領域を増やそうとしたわけです。

やっていると、もう本当に試行錯誤《しこうさくご》なのですが、それがまた大きな、空振《からぶ》りでも〝大きい空振り〟をやるのです。政府とか東京都とかがやると〝大きな空振り〟です。

小池《こいけ》さんは、本当に、選挙対策もあってということでと思うけれども、都知事に再選される前に、（二〇二〇年）三月の半《なか》ばを過ぎてから急にコロナを言い出して、四月五月で六月に入ったころには、東京都が貯《た》め込《こ》んでいた一兆円余りの貯金のうちの九千億円以上はもう使い切っていました。

「これが会社の社長だったらどうか」ということです。長いこと働いて一兆円を社内に留保していたとします。株主総会で社長が投票で選ばれるとして、「再任されるために九千億円をバラまいて、みんなを買収した」というような感じで、「また社長があと四年やれる」とかいうふうなことをやっているわけです。

いやあ、これは、無駄と言えば無駄でしょう。「撒くだけのお金なら最初から取るな」というわけです。

東京都であれ、区であれ、「予算が余っていて、余計なことをいっぱいしている」のは、目に見えてやっています。

もう、学校なんかも、どんどんと、「災害のときに役に立つ」とか言って、大きなものを建てて、やっていますけれども、建てておいて、コロナが出たあと、「家に籠もれ」ということで、先生は休み、生徒は家にいて、給食も休みで、お母さんかお父さんのどちらかは家にいないといけなくなって、ご飯《はん》もつくらないといけなくなっています。大きく空間が空《あ》いているグラウンドも教室も使わずにいます。

それで、みんなで児童施設《しせつ》に行こうとしたら、「そこは〝菌《きん》〟がうつるから行くな」と言い、児童公園に行こうとしたら、そこを使えないようにロープで縛《しば》り、「家のなかで、籠もっとれ」と言うのだから、「家のなかで感染しろ」と言っているようなものです。「買い物にも行くな」と言うし、だいたい、こんなことをやります。

だから、税金をいくら集めても「使途」が問題だし、実態は末端《まったん》においては非常に不自由なことがいっぱいなされていると思うのです。

政治家が税金を〝交際費〟〝連続当選費〟として使っている実態

小池さんも、お手伝いさんが一人ぐらいいると思いますし、あとはSPがついて動いていると思うのですけれども、お手伝いさんが買い物に行っているだけでは、たぶん分からないだろうと思うのです。

本当に、ＳＰを取って、厚化粧《あつげしょう》を落として歩いたら、たぶん誰だか分からないし、厚化粧を落として素顔《すがお》で歩いたら、都知事だと分からないから、それで街を歩いて見てみたらいいのです。「何が不自由しているか」、本当によく分かるから、水戸《みと》の黄門《こうもん》さんみたいに歩いてみたらいい。そうしたら、「いったい何がおかしいか」がとてもよく分かります。

特に年度末などに街を歩いてみたら、よく分かる。無駄な工事をいっぱいやっている。いつもやっているから。毎回、毎回、同じところを、アスファルトの掘《ほ》り返しをやっています。あれは予算を消化しているだけなので、そういうことを、もうちょっとよく知ったほうがいいのです。

だから、「社長としては失格の人」が「都知事としてはできる」ということだし、〝安倍さんの社長〟も、これまた怖《こわ》い社長です。そういうふうに、ちょっと一日見に行ったら四千億円を撒いてくるぐらいですから、それは恐《おそ》ろしいのです。

もう、これは、「首相」ではなくて「陛下《へいか》」と呼んで、側近をつけて、自分では発言できないようにしたほうがいいのではないかと思います。だから、実力の実際にある人が判断することにして、自分で判断は下されないようにして、天皇陛下と同じ扱《あつか》いにもうしてもいいのではないかと思うぐらいです。

もう、本当に、「人に見えるように動いている」だけなので、それこそ、もし上野《うえの》のパンダに出張を命じて、いろいろなところに行かせて――駅頭に行ったら人だかりができるでしょうけれども――それで「何とか党」とかいって〝ぶら下げ〟たら、まあ、（政治家もパンダもしていることは）同じことになるのです。

選挙の費用もすごく使います。アメリカなどでも、もう、前回の「トランプ対ヒラリー」でも、ヒラリーは二百億円以上は選挙費用を使いましたから、「二百億円を出して大統領になる」というのも、けっこう大変なことではあります。本当に、そのお金がどういうふうに使われているかは、なかなか分からないことです。

日本も、結局、〝今いちばん大事なこと〟として、「検察庁改革」とかいって、検事総長の入れ替えはしていますし、前法務大臣の夫妻を逮捕《たいほ》して起訴《きそ》するところまでは持ち込んでいますが、これがどうなるか分かりません。とりあえず、選挙対策の間は、そういうふうにしているでしょうけれども、終わったらどうなるか分かりません。

でも、結局、お金の出所《でどころ》などについては究明できないでいます。だから、政府がどんなお金をどういうふうにバラまいて、そうした前法務大臣夫妻に一億五千万円がどのルートで渡《わた》って、どう使われたのか、結局分からず、二千何百万円かの使途だけを買収と認定して、逮捕ということになっていますけれども、このお金の出所を探《さぐ》られたら困る人が、それは上にいっぱいいらっしゃるでしょう。

だから、「税金が足りない」とか「赤字だ」とか言いつつも、使うことをいっぱいやっているので、使うことが先に立っているのです。

もう、彼らにとっては〝交際費〟なのでしょう。〝交際費〟であろうし、〝連続当選費〟なのでしょうけれども、そういうふうには計上しませんので、どんどん赤字は増える一方です。

この先に待っているものは、やはりけっこう厳しいと思ったほうがいいのです。会社等だったら、「倒産する」とか「借金の踏《ふ》み倒しをして逃亡《とうぼう》する」とか「社長が自殺する」とか、そんなようなことが起きるのだけれども、「国だから大丈夫《だいじょうぶ》だ」とか思っているのかもしれません。けれども、「いや、分からないですよ」というのが私の意見です。

3　デジタル化推進に潜《ひそ》む危険性とは

「中国に追いつこう」と日本がデジタル化を急ぐのが危ない理由

今また、「デジタル化が日本は遅《おく》れている」と言って、高齢《こうれい》の麻生《あそう》さんとか菅《すが》さんとかが「日本はかなり出遅れたから、急がなければいけない。早く中国に追いつかなくては。中国みたいにしよう」と思って、急にまた「一年以内に集中してやろう」とか言っているけれども、まあ、危ない危ない。恐《おそ》ろしいことをやっているのが分からないなら、早く引っ込《こ》んだほうがもういいとは思うのです。

中国の経済、あるいはその財政の数字等は、もうどれも信用することができないものです。

ビットコインも中国で流行《はや》ったし、それ以外の仮想通貨も中国ですごく流行って、いっぱいあります。「万里《ばんり》の長城《ちょうじょう》」の外側に（仮想通貨の）マイニングをするところがありいろいろビットコインなどを値上げすることを企画《きかく》するのはやっているようですが、実際に誰《だれ》がやっているか分からないような状況《じょうきょう》です。

ビットコインなどを持っているのは、「一パーセントぐらいの人が九十パーセントぐらいのお金を持っている。三パーセントぐらいの人が九十七パーセントぐらい持っている」というような状況で、これを誰がやっているかも分からない状況なのです。

だから、そういう〝詐欺師《さぎし》の親玉〟みたいな者がいるか、あるいは藤井聡太《ふじいそうた》七段（説法時点）みたいな天才的な頭脳の持ち主なのか。

それを発明したのは〝サトシ・ナカモトという日本人〟ということになっているけれども、これも本当かどうかも分からないのです。日本人の名前を使っているけれども、実在するかどうかが分からない。

あるいは、「ペンタゴン」というアメリカ国防総省が実験のためにつくったという説もあることはあるのです。「百人ぐらいのチームでつくっているが、日本人の名前を使って自然発生的にできたようにした。そうしないと、政府が後ろについていると見られたら、銀行やフェデラル・バンク（連邦銀行）と一緒《いっしょ》で、連邦銀行とか中央銀行と変わらないように思われる可能性があるから、そうした」という説もあるのですけれども、主として中国系を中心に、この仮想通貨はいろいろと出てきていることは事実ではあります。

これは、信用の裏付けのないものなのです。最終的に発行の上限残高だけは「ここまで」というのがあるので、それをつくることによって、「インフレが起きない」ということにして、その「インフレが起きない」ということぐらいを信用にして、やっています。その発行の上限残高だけを言えば、まだ百何十年かぐらいは発行できるようになってはいます。

最初のうち、これを発明してお金を儲《もう》けた人はだいぶいるだろうと思うし、こんなもので回転寿司《ずし》なども支払《しはら》いを受け入れるとか、そういうのもやっていたりもしていると思うのですけれども、「これが最後はどうなるか」は分かりません。いろいろとビットコイン以外の仮想通貨の勉強もしてみても、これはどう見ても〝臭《くさ》い〟のです。財務の専門家として仕事をしていた私から見て、どう見ても、これは〝臭《にお》いすぎる〟のです。

どうしても一六〇〇年代のオランダの「チューリップ・バブル」と似ているのです。どう見ても似ているのです。一個何百円かぐらいのチューリップの球根が、ものすごい値段に、何万円も何十万円もするように跳《は》ね上がっていった。それで、普通《ふつう》の球根でもそうだけれども、ちょっと変種の、色が変わったチューリップが咲《さ》くとか、ちょっと何か変わったことがあるチューリップがあると、さらにものすごい値段が付くみたいなことがあった。何百万円も付くみたいなことが一六〇〇年代にあって、オランダで「チューリップ・バブル」というのがあって、これが崩壊《ほうかい》して一気に恐慌《きょうこう》が起きています。

そういうことが、過去、何度か起きているわけです。そういうバブルというのは起きるのです。

次は「仮想通貨」のバブル崩壊《ほうかい》が来るか

例えば、土地バブルです。土地信仰《しんこう》というのはすごいので、私の本にも出ていますけれども、一九八九年に、当時あった日本の超《ちょう》一流銀行の支店長が西荻《にしおぎ》にあった幸福の科学の本部に来て、二時間ほど、経済理論のことで戦って話してみたことがあります。

その人がなんで来たかというと、その某巨大《ぼうきょだい》な、半分国策銀行でしたけれども、そこの池袋《いけぶくろ》支店の支店長の部下であった課長が出家《しゅっけ》してきて、当会の事務局部長になっていたため、いちおう、どこに行ったのか見に来たということなのでしょう。「幸福の科学とは何者ぞや」ということを、どんなところで、将来性があるのかを見に来たのもあるとは思うのです。それで二時間ぐらい話しました。

向こうが延々と言い続けたのは「土地本位制」ということでした。「日本は、国土がもうまったく増える余地がないんだ。だから、絶対確実なのは土地なんだ。土地はもう値下がりすることはないんで。上がることしかないため、土地さえあればいくらでも融資《ゆうし》は可能なんだ」と、「土地担保制」を八九年の夏ぐらいに言っていたような気がします。

八九年に株が日経平均三万九千円の（当時の）最高値《さいたかね》を付けて、それから崩壊《ほうかい》で、だいたい九〇年で本格的なバブル崩壊に入っているのですが、その一年も前ぐらいに、まだそんなことを言っていました。

私は、「それは間違《まちが》いだ。このままではもう限界が来ているので、これからは企業の成長性に対してお金を貸さないと銀行はもたない」というようなことを言っていました。

「その社長の人物、あるいは創業者の人物や実力を見抜《みぬ》けないゆえに、そんな土地担保などと言って、『要《い》らない土地を買わせたり要らない建物を買わせたりして、担保をつくって、それでお金を貸す』とか言っているけれども、これは自由な起業の阻害《そがい》要因にしかなっていない。要らない土地を買う必要はないし、そのために借金する必要もなければ、要らない建物を買う必要もない。それは、やはり、本当の資本主義の原理には適《かな》っていない」という話を私はしました。

一年後には結論が出ています。

そんなもので、そういうところで三十年も勤めているような方でも、そういうことを言っていました。土地バブルというのが、やはりあるのです。確かに、

「球根なんかだったら増やせるかもしれないけれども、土地なら増えない」と思っていたけれども、やはり、そういうバブルはあるということです。

それから、二〇〇〇年以降は、森《もり》首相が「イット」と読んだＩＴ《アイティー》が流行って、おそらく、ＩＴバブルとなり、一回はこれは破裂《はれつ》しています。ホリエモンや村上《むらかみ》世彰《よしあき》さん等を逮捕《たいほ》したあたりで、一回、検察庁の動きで破裂していると思うけれども、またもう一回、盛り返していると思います。

そのあと、リーマン・ショックという、二〇〇八年のアメリカの「損失隠《がく》しの債権《さいけん》みたいなものを世界中に売りさばいて、この損がどこに行っているか分からないようにしてしまう」という金融工学を使ったバブルがありました。当初の人は、それは儲けています。それを売りさばいて儲けていますけれども、最終的にはリーマンが潰《つぶ》れて、まあ、「世界恐慌」ともいまだにいわれているものですけれども、かなりのリセッション、経済後退が起きて、日本にも来ました。

そういうことで、このバブル崩壊は何度も何度も繰《く》り返し起きていますが、次はやはり仮想通貨のバブル崩壊が来るのは確実だと思います。

今、中国がやろうとしている「強盗《ごうとう》の経済学」とは

今、銀行に預金を置いても利子がほとんど付かないし、みんな新規起業をすごく恐《おそ》れています。土地だって建物だって、そんなに欲《ほ》しいわけでもないし、工場を増やしたいわけでもない。

経済は、日本の場合はもうほとんど平行移動、横に移動するだけだったのから、とうとう下がり始める、今回のコロナウィルスでマイナス何パーセントか成長になるということがもう言われていますから、失業者もそうとう出るし、会社もそうとう潰れるのは確実です。

中国も本当はそうなっているはずなのですけれども、また例によって経済成長

は国が決めたとおりになりますので、プラス成長になるようにまた操作しようとしていると思いますが、あそこのバブルもいずれ崩壊がもう近いと思います。経済をなめすぎているので、こんな実体がないもので、いくらでも偽金《にせがね》づくりで膨《ふく》らませると思っているなら大間違いです。

だから、例えば、入る人のいないマンションみたいなのをいっぱい建てて建てて、巨大マンションを建てて建ててしても、それでも経済は起きますけれども。原材料から、それから建設会社の従業員の賃金から、それの請け負《う》いの費用等で経済は起きますが、「入居者がないもの」というのは何かというと、これは不良債権というものになるのです。

国が絡《から》んでいて、国の社会主義的な事業でやっているとしても、これは結局どうなるかというと、国が不良債権を抱《かか》え込んでいるのと一緒で、要するに「借金」です。借金を抱えているだけなのです。なかがもう空洞《くうどう》化しているわけで、結局、実際の実力に合っていないお金の使い方をしているということです。これは「国が潰れる」ということを意味しているのです。会社が潰れるなら、国も潰れるのです。

今、中国がやろうとしていることは、このままの経済原理では国が潰れるので、軍隊による領土拡張です。軍隊にもかなりお金を使ってやっていますので、軍隊を使って領土を拡張しようとしているわけです。特に、海底資源を持っているところ――石油とか、そういう海底資源を持っているようなところと、石炭が出るところ、鉄鉱石が出るところとか――こういうところを取っていこうとしている。

そのやり方の一つとしては、お金がないところにお金を貸し付けて、そして返せないと、事実上、植民地化していくというやり方です。軍隊が送れたら取れてしまいます。こういうことで、この軍隊の予算が日本よりもかなり大きいですから、これを経済に変えようとしている。

そして、これができるのは、実は覇権国《はけん》だけなのです。世界最強の国の場合は、これができる。アメリカがそれを実はできたのです。アメリカは財政赤字がいくら続いていても、最終的には、四十何兆円を使った軍事予算を持っている世界最強の軍隊があります。いくら赤字でも、国ごと取れますから、最後は「強盗《ごうとう》の経済学」です。だから、乗っ取ってしまえば、取れてしまうわけです。

これを、小規模だけれども今、目に見えるかたちで、中国は香港《ホンコン》を〝強盗〟して、あの香港の繁栄《はんえい》分を自分たちの赤字補塡《ほてん》のために吸収しようとしているわけです。今は、武装警官等でやってはおります。ところが実際は、繁栄の部分、お金の部分だけをなかに入れようとしているけれども、もう、人が暴《あば》れるし、逃《に》げ出すし、何が起きているか分からないのです。「窮鼠《きゅうそ》猫《ねこ》を噛《か》む」みたいに、何か反乱している。これが分からない。

まあ、そういうことです。そういうことが現実には起きているということです。

しかし、中国より強い国（アメリカ）が――ウィルスはいっぱい流行らせているとはいえ――まだ健在ではあるわけだし、EUも連合すれば中国よりもまだ強い力は持っております。

香港に対してもそういうことをやっていますが、台湾《たいわん》なども南下政策で、「もう北のほうは相手にしないで、南のほうの国と取引を強める」ということで生き残ろうとしています。そんなことをやっています。

だから、なかなか、軍事力を経済に変えるのは難しいのです。

これは、もう五百年の歴史があるのです。

スペイン、ポルトガル等が、宣教師《せんきょうし》と共に軍隊を送って、南米まで占領《せんりょう》して植民地をつくって、金銀財宝を本国に持って帰りましたし、例えば、イギリスはインドを植民地化して、紅茶とかコショウをいっぱい持って帰って、富の収奪《しゅうだつ》をしたわけです。「なんでコショウなんかがそんな値打ちがあるんだ」と思われるかもしれないけれども、昔は冷蔵庫がありませんから、肉が腐《くさ》っていくとか、そういうのがあるので、コショウとかそういうもので臭《にお》い消しもできるし、防腐《ぼうふ》作用もあった。また、中国やインドの緑茶をイギリスに運んでくる。その間に、船倉《せんそう》でそれが発酵《はっこう》して紅茶になってしまって、それで紅茶という文化もできたりしたわけです。

デジタル化が生むトラブルに備え、代替《だいたい》手段を考えておくこと

そうした帝国《ていこく》主義的侵略《しんりゃく》、植民地主義を、五百年遅れで今、中国がやろうとしているのです。

ただ、お金がないから、今、仮想通貨系統のほうを、力を入れてつくろうとしていますし、また、そういうサイバー部隊も強くして、他の国にある他の国の資金を、コンピュータ操作で抜《ぬ》くということです。「ゲリラ部隊的に、国家公務員

がゲリラを装《よそお》って、例えばバングラデシュにある他国のお金を抜く」とか、こういうことを、ハッカーみたいにやりながら抜くのをやっています。

こういうことをするので、「中国製のＩＴ技術は追い出そう」というようなことを、アメリカとかヨーロッパとかも言っているわけです。「なかに、そういうものを仕込まれていることも多いから気をつけよう」ということを言っている。

だから、仮想通貨でやって現金決済をなくしていけば、もう今、電子決済だけで可能なので、実際は実態が分からなくなってくるのです。それが狙《ねら》い目なので、そこでバブルを膨らませて、穴埋《あなう》めしようと考えているということです。

これについて、日本は、後《おく》れを取ったから、「これからもうちょっと電子決済型のデジタル推進で、お金を持たないようにしよう」とか言っているけれども、いやあ、危ない危ない。危ない危ないし、今、「スマホ一台あれば何でもできる」みたいな、全部、自分のお金から、それから重要取引先から、いろいろな支払いから、何でもできるようになっていますが、これもスマホを盗《と》られるとか壊《こわ》されるとか、いろいろそういうことがあるし、それから情報を抜かれるということもこれから出てくるので、非常に危険度は増してはいると思います。

それから、サイバー攻撃系《こうげきけい》で、そうした電気通信系統がガタガタにされることが、次の戦争等では予想されます。人工衛星からの攻撃というのは、次は予想されるのです。

日本だと、そうした電子記録のバックアップが香川県《かがわけん》でも行われていますので、この香川県が、例えば天変地異、自然災害等に見舞《みま》われた場合、あるいは香川県も電磁パルス攻撃を受けた場合等、護《まも》れるかどうかについてはまだ分からない状態にあると思います。

だから、これは、今は政府は「デジタル化を急速に進める」と言っているけれども、遅《おそ》ければ遅いほど安全だろうと、私は思っています。先にやったところが崩壊していくところを、まず見ることができるので、その崩壊を見たあと、どうすべきかを考えることはできるのではないかなと思います。

日本はGDP比で今、十九・何パーセントぐらい、十九パーセントから二十パーセントぐらいの現金が動いている状態ですが、ヨーロッパ、EU等で十パーセント以内ぐらいで、もっと少ないところへ行きますと、もう一パーセントか二パーセントしか現金がない状態になっています。いずれ、これは大きなトラブルを生むことになって、いろいろな機能麻痺《まひ》は必ず起きると思うので、その代替《だいたい》手段は考えておいたほうがいいと思います。

マイナンバーの強制化――「政府の親切は全体主義につながっている」と知るべき

昨日《きのう》、ニュースを観《み》ていたら、政府のほうは「デジタル化を進めるのは、マイナンバーももっと強制化して広げて、それは、国民各一人ひとりの健康状態を政府がつかむため」とか言っている。嘘《うそ》をつくのがうまくなっている。うまいなあと思う。

この前は、「現金を振《ふ》り込むために必要だ」と言って、「全部つかんでおく必要がある」と言っていたのに、それを言ったら、うちのほうで批判しましたので、今度は「国民一人ひとりの健康状態をつかむために要るんだ」と言っているのです。

つかんでもらう必要など何にもありません。自分の調子が悪いと思ったらその人が病院に行けばいいだけで、行きたくなければ自宅で死ねばいいだけのことですからつかんでもらう必要はまったくないので、彼らの親切はすべて全体主義につながっているということは知ったほうがいい。

だから、今になって、ハイエクや、やはりフリードマンの言っていることを、もう一回学び直すべきです。

ハイエクは、ヒットラーを見て「怖《こわ》い」と言っています。「これに、もっと権限を与《あた》えたらどうなるのか、ヒットラーがもっと権限を持ったらどうなるかと考えたら、分かる」ということです。ヒットラーのやったことを見て、「やはり、これはいけない」ということで、「その反対でなければいけない。大きな政府は、必ず独裁者を生んで、権限を拡大して、国民を奴隷《どれい》化する方向にあるから、小さな政府のほうがよいのだ。小さな政府にして、法律は最小限にすべきだ」というのです。

これは、昔から中国でも「法三章《ほうさんしょう》」というぐらいで、三つしかなく、「この三つを犯《おか》した者は罰《ばっ》する」というものがありました。これは、「項羽《こうう》と劉邦《りゅうほう》」の劉邦が関中《かんちゅう》に入ったときに立てたものですけれども、人気がありました。「三つ、これさえ犯さなければ、逮捕もされないし、殺されない」ということを言ったのですが、殺人とか泥棒《どろぼう》とか放火とか、そんなようなものです。

それと一緒で――今、法律が増えすぎていますけれども――「法のリストラ」もしなければいけないわけです。法律は最低限にしなければいけないのです。「これをやったら、何か経済的に支払わなければいけなくなる、罰金を払わなければいけなくなるか、刑務所《けいむしょ》行きになる」というものが基本的な法律なので、だから、それは、人権抑圧《よくあつ》をしないための最小限でなければいけないわけです。

「大きな政府」に対してはっきりと言わなければいけないこととは

今の中国などを見ていても、間違っていると思うのは、こういうところです。「香港安全法」というように「安全」と付けて、いいことでもしているように言っていますが、結局、昔の日本の治安維持《いじ》法みたいなものです。治安維持法みたいなものだけれども、もう、一切《いっさい》の活動ができないようにしようとしているわけです。

「法律があるから正義だ」という考えなのです。「法律に基《もと》づいて警察が動いているんだから、何も悪いことはない」と。

けれども、みんなはもう、国外脱出《だっしゅつ》をするか、何にも集会はできないか、あるいは、抗議《こうぎ》の意志は白紙の付箋《ふせん》で貼《は》るか、あるいは投票だって、もう自由にはできなくなっていこうとしているということです。民主派が自由に投票活動をし、自分たちの候補を選ぶだけでも、これでも「反政府的な行為《こうい》だ」とか、もう言い始めています。

だから、「大きな政府」というのは、必ず独裁化するし、強権化する。また、そこからお金を、飴《あめ》を撒《ま》くようにバラまいてもらって生きていく国民が増えれば、必ず、それは奴隷化していくことになるので、堕落《だらく》するのです。

基本的に、社会主義というのは何かと考えると、社会主義というのは、「基本的には配給制なのだ」ということです。全部、割り当ててしてくれるということです。仕事も割り当て、それから、補助金とか、いろいろな給付金で割り当てて、「政府が養ってやっているんだ」と。(国民は)全部、国家公務員、準国家公務員みたいなもの、地方公務員みたいなもので、「本当は、百パーセント税金を取って、百パーセント政府や地方自治体が決めたい」ということで、役人の本心はそういうことです。

本能的には必ずそうなるので、「やってくれなくて結構」ということを言わなければいけないわけです。フリードマンなどはもっとはっきり言っているわけで、「何もしてくれなくて結構」と言っています。

ある意味では、これはもう、アメリカなどでもすでにあることです。日本ではありませんけれども、アメリカの西海岸などに行ったらもう、みんな各自、銃《じゅう》を持っています。ご主人さんは、銃を持っていて、万一《まんいつ》、強盗とか泥棒が夜中に侵入してきたら撃《う》ち殺す権利があるわけです。この銃を持つ権利というのは、アメリカの修正憲法に明記されている憲法上の権利なのです。まあ、珍《めずら》しいですが、どう考えているかというと、「警察がまともに働くと思っていない」ということです。「警察というのは働きやせん」と思っているから、最後は自衛する権利があるということです。

その根本《ねもと》は、たぶん、西に向かってフロンティアを拓《ひら》いていくために幌《ほろ》馬《ば》車《しゃ》で移動しているときに、インディアンに襲《おそ》われたりいろいろしましたから、やはり、そういうときに各自で自衛しないと、警察などが来てくれるわけではないというのもあるとは思うのです。

そういうこともあって、シュワルツェネッガーのような人が、「最後のシェリフ（保安官）」みたいな感じで敵に立ちはだかって戦うような映画が出たら、ときどき、ヒーローとなって拍手《はくしゅ》になるのだけれども、「たいていは、そこまで働いてはくれんだろう」と思っているので、銃で自衛するということになっているわけです。

国民を遊ばせてお金を撒《ま》いて回していこうとする国家経営の間違《まちが》い

日本はそういうものもしないし、銃も持っていなければ、だいたい「お上《かみ》の言うとおりきく。『要請《ようせい》』があるだけで、そのままきく」ということになっていて、法律でも何でもなくても、「要請」だけでできるということです。

だから、「Go To キャンペーン」でも、要するに、「東京の感染率が多いので、『東京から地方へ』『地方から東京へ』、これを外して旅行する場合には補助金を出す。さらに、補助金は出すけれども、あまり高齢の方の集団とか、若い人の集団だけでいっぱい行くのはやめてくれ」みたいなことを言っていますが、これは何をやりたいのかもう分からなくなってきつつあります。政府としてはお金を使わせたいのは分かるのですけれども。

今の政権には頑張《がんば》ったところもあるのだけれども、問題は、やはり安倍《あべ》さんの基本的な思想のなかに「遊ばせて、政権支持率を上げて、お金を撒《ま》いて回していこう」という感じがあるので、宵越《よいご》しの金を持たない江戸《えど》っ子気質みたいなもので経営しているように見えます。国内旅行をさせて、お金を落とさせる。あるいは、中国や韓国《かんこく》の人を日本に国内旅行させて、お金を落とさせる。外国のお金を落とさせて、内需《ないじゅ》にして、これで収入にしようとしている。

この政策が、今のコロナウィルス騒動《そうどう》で、ほぼ〝全滅《ぜんめつ》状態〟になっているわけです。

それでも、「二〇三〇年には、六千万人の観光客を呼ぶぞ」とか言ったりして、まだ何も立っていません。来年のオリンピックの計画も立てて発表していますけれども、これもまったく計画が立たない状態だと思います。

世界中で、どんどんコロナは増えて、（感染者数は）一千何百万人まで行っていますけれども（説法当時）、これが一億になり二億になるのは、もう時間の問題です。世界中に広がっていって、それから、国際的な交通が自由にならなかったら、オリンピックどころではないのは当然のことです。

自由貿易をやって、自由に観光できるようになったら、日本も同じ状態になりますから、現実は鎖国《さこく》状態にどんどんなっている状態ですので、残念ながら、「そうした観光とか遊びとか、こういうものでお金を使わせて、収入にして税収にしようというのが、基本的な今の政権の考えだけれども、これは間違《まちが》っていて、駄目《だめ》だ」ということだと、私は思っています。

4　「国富《こくふ》」を生み出すために必要な考え方とは

今やるべきことは、基本は「ものづくり」「サービスづくり」

今やるべきことは、やはり基本は「ものづくり」です。

それから、「ものづくり」に準ずるような、サービスでも「新しい付加価値を生むサービス」をつくるということだと思います。

観光客が落としてくれるお金とか、国内で要するに「仕事を休んで観光をして、お金を使え」とかいうような、こんな内需《ないじゅ》主導型では――（個人消費はＧＤＰの）六十パーセントですけれども――「もうこれでは立ち直らない」と判定したほうがいいと思います。だから、サービス業のほうはかなり厳しい向かい風になります。

だから、ものをつくることが大事です。国内でも、今までにないようなものをつくる。ひと技《わざ》付け加えて、今までにないものをつくる。

例えば、日本なら「日本でしかつくれないようなもの」をつくることが、こういう時代にあっても、海外から、どうしても買わなければいけない需要が出てくる。「どうしても、その部品がなかったら何か機械がつくれないようなもの」の、その部品を海外の工場でつくったりしていたら、もう、あっという間に倒産《とうさん》になっていく状態に、今なっているということを知るべきです。

海外で安くつくってボロ儲《もう》けしていたような会社には、悪いけれども、引退勧《かん》告《こく》をしなければいけないと思っています。

だから、「日本でしかつくれないものを、どんどん新しくつくれ。開発せよ。新しい機能を付けよ。新しいサービスを付けよ。新しい、今までにないようなものを何かつくれ」ということです。こういう地道な努力を長く続けないと駄目《だめ》で、毎日毎日、地道な研究開発の努力をやり続けなければいけません。

「仮想通貨みたいなものをいっぱいつくって、お金を儲けたような気になって、経済が大きくなったように膨《ふく》らませて見せるような、そちらのほうにばかり人が走っていくと、これは、もう、終わりが来ますよ」ということは、はっきり私は言っておきたい。

実体経済を絶対に伸《の》ばさなければいけない。

そのためには、まずは「ものづくり」だし、「ものづくり」のなかには、食料づくりから、そうした実用性のある機械のつくり方もあると思います。

香港《ホンコン》弾圧《だんあつ》や米軍基地反対に対する「天意」とは

日本の住宅などは震度《しんど》5、震度6でも壊《こわ》れませんけれども、中国の住宅なんかは震度5、震度6で潰《つぶ》れてしまいます。日本のほうは6でもなかなか潰れません。東京などでも建物は潰れません。

ただ、それでも、今回の（九州を中心とした）大洪水《だいこうずい》を見てみたら、「震度5、震度6で潰れないような家が、川の氾濫《はんらん》ではあっさりと押《お》し流されて、鉄橋まで流されてしまう」ということも見えました（説法当時）。

これは、これの対策をするものをやはり考えなくてはいけないでしょう。「洪水があっても流されないような家」をつくることも考える必要はあるというふうに思います。

お隣《となり》の中国では日本以上の洪水が起きてきて、六十年ぶりの記録的な大洪水ということで、揚子江《ようすこう》までもう氾濫しているという状態なのです。香港《ホンコン》弾圧《だんあつ》が始まったら、即《そく》、川の氾濫とか湖の氾濫が今起きていますので、私は「これは天意だ」と思っています。

日本にだって「天意」はあったと思います。

令和の時代になって、去年の秋から台風が連続的に襲《おそ》って、ものすごい被害《ひがい》を与《あた》えました。

さらには、米軍基地反対で、日本からの独立で中国にでも帰属したいような運動をしている知事がやっている沖縄《おきなわ》には、「首里城《しゅりじょう》が突如《とつじょ》、火災で焼ける」というのがあって、原因がいまだに分からないでいます。「午前二時前まで作業とかをしていたのに、それ以降になぜか自然発火して漏電《ろうでん》か何かで燃えた」というのがありました。

あれは、中国が、「沖縄は中国のものだ。中国文化圏《けん》のなかにある。中国のまねをして、朝貢《ちょうこう》していた国だ」という、その言い訳というか、彼らが、ヤクザが因縁《いんねん》をつけてくるように言ってくるためのシンボルみたいなものだったのです。

それが焼けましたけれども、あれも、やはり天意は、私は働いていたように思います。

そういうときだけ、あの反日本の知事は、「金はくれ。再建は手伝ってくれ。ここだけは、もらうものはちゃんともらう。だけど、基本的には日本を防衛する気はない」という考えです。

日本の国民は「国民主権」だけでなく、「国家主権」という考え方を持つべき

この前も、秋田県が「イージス・アショア（地上配備型の防衛システム）」のことで反対したので、撤回《てっかい》というのがありました。

実際に機能しないなら、しょうがないとは思いますけれども、単なる「国防放棄《ほうき》」ということであるならば、秋田県の税金は、地方交付税とかを多少減らさせてもらわないといけないでしょう。反国民的なことをするのだったら、それは考えさせてもらわないといけないでしょう。

そういうこともあると思うので、地方自治体も大事だけれども、国の機能を全体に失わせたりしてはなりません。

「国民主権」というのはありますけれども、日本の憲法学では国民主権よりも、「国家主権」について教えません。全然、今教えないので、他の外国は国家主権という考え方を持っているのに、日本の国民は国家主権という考え方を持っていないのです。

「領土を護《まも》り、国民を護り、そして国家としての機能を護る」というのは、これは国家主権なのですけれども、それについての思想がないのです。欠けているのです。

だから、「国家主権」ということではなく、「国民主権」ばかり言っているけれども、その国民主権が、国家をバラバラにしたり、他国の植民地になるために使われるなら問題で、ちゃんとした健全な意味でのナショナリズムは必要だと思います。

　ヒットラーみたいな、ナチズムみたいなものまで行ったらいけない。そこまで行ってはいけないけれども、「最低限、自分たちが平和に暮らしていけて、安全に暮らしていける。そして、経済的にも最低限の生活以上の生活ができる」、このレベルまでの国家主権はやはり当然持たなければいけないのです。

　それを侵害《しんがい》してくる――例えば、「尖閣《せんかく》は中国のものだ」とか、次は「沖縄は中国のものだ」とか言ってくるのだと思いますし、例えば、「対馬《つしま》は韓国《かんこく》のものだ」とか、いろいろ言ってくるかもしれませんけれども――こういうものに対して、言いたい放題を言わすというのはおかしいことだというふうに思っています。この考え方を変えるべきだと思っています。

新しい付加価値を生み出し、無駄《むだ》な仕事をやめよ

とにかく、次のやるべきことは何か――。さらに第三次産業が第四次産業以降の〝空想産業〟になっていくことが進化・発展ではありません。「新しい価値を生み出すこと」が大事なことです。

例えば、アニメ映画などをつくることだってそうです。もちろん、それは第三次産業になるのかもしれないけれども、アニメでも、繰《く》り返し観《み》て、人々の心を豊かにするようなもの、そういう、子供たちを健全に育てるようないいアニメで、長く観てもらえるようなものをつくれば、これは「付加価値を生んだ」と言える。けれども、例えば、毒々しい、犯罪人を育てるようなアニメばかりいっぱいつくったら、これは「国富《こくふ》をつくっている」とは決して言えません。

実写映画でも同じことが言えると思います。

第何次産業であるか、第一次が農業、第二次が工業、第三次がサービス業と言われていますけれども、「どの業界にあっても、ものづくり、サービスづくりをして、新しい価値をつくり出すのだ。そのために研究開発をし、イノベーションを繰り返してやる」ということ、さらには「熱意を持って、やり抜《ぬ》く」ということ、「毎日毎日が大事だ」ということ、こういうことを強調しておきたい。

「一日一生」という考えがあるけれども、一日が終わるときに、「今日、私は、自分の会社に、あるいは自分の地域に、あるいは日本の国に、あるいは自分の国に、世界に対して、今日の一日で何をプラスのものとして付け加えたか」ということを反省する、振《ふ》り返ってみる習慣をつけられたらいい。

「今日、何ができたか」ということです。

作家でも、一日一枚書ければ、三百日あれば本一冊は仕上がります。その「一日一枚書く」ということをすることは、「今日一日を生きた」ということです。

原稿《げんこう》用紙一枚、四百字詰《づ》めぐらいの量を書いても、毎日書けば、三百日あれば本一冊は書ける。それは、「新しい付加価値を今日生んでいる」ということなのです。

それは一つのたとえですけれども、ほかのものでも、あると思うのです。

「今日、自分は何をしたか」ということを言えるかどうかです。これを、やはり大事にしてください。これが大事なことです。

今、ブログとかに、いろいろ自分の「今日は何をした」とかいうのをいっぱい書いて、意味のないことをいっぱい発信して、そして「何万人、何十万人、何百万人が見た」とか言っているけれども、こういうもののなかで、要するに「本当に時間を食い潰しているだけ」のものはいっぱいあります。

「女優さんが飛んだり跳《は》ねたりした」というので、「九百万人が見ている」だとかいうのは、もう、本当に時間を奪《うば》っているとしか思えないので、こんなのは、年に一回見せてくれたらもう十分です。「もう余計なことをしないでくれ」ということです。

だから、「政府は余計なことを国にするな。地方公共団体もするな」もあるけれども、個人であっても、「もう無駄《むだ》な仕事はしないでください」ということです。無駄な発信をして、他人《ひと》の時間を奪ったり、他人が付加価値を生まなくてはならないときに、その仕事をさせないようにするようなことはやめて、できるだけ、みんな、プラスのことをやってください。

新聞だけでも多すぎて困っているのです。テレビも多すぎて困っているのです。同じニュースばかり、もう何回も読まされて、時間の無駄になっているのです。

だから、もう本当に、「他紙と違《ちが》うのは、ここ」「他のテレビ局と違うところは、ここ」と、はっきりもう言ってほしいぐらいです。そこだけを黄色でくくってほしいのです。テレビなら「ここは他局でやっていません」とか、新聞なら「ここは、うちだけの意見です」とか、くくってくれると、もうそこだけを読めば済むことなのに、同じことばかり読まされて、頭がもう洗脳されて疲《つか》れます。だから、どうか新しい付加価値を付け加えること、そして、無駄なことを体系的に廃棄《はいき》することをしてください。

各自、「抵抗権《ていこうけん》」で戦って自分の仕事を護《まも》り、「企業家精神《きぎょうかせいしん》」を持って生き抜《ぬ》け

たとえ法律であっても、無駄なものはもう廃止しなければいけないし、「行政命令とかを出しっ放しで終わり」というのがいっぱいありますので、たとえ、都知事が何と言おうとも、首相が何と言おうとも、「自分の会社がそのとおり守ったら潰れてしまって、従業員全部を解雇《かいこ》で、あと、救済の策はない」と判断したら、「抵抗権《ていこうけん》」です。戦わなければいけないのです。抵抗して戦わなければ駄目なのです。

だから、「ここのたこ焼き屋は衛生状態が悪いから、営業は相成《あいな》らん」となったら、もう、「たこ焼きを焼いて、手で運んで、街角で売る」ということでも構わないから、とにかく仕事を続けていくための仕事をやらなければ駄目なのです。

そういう「自由に対する侵害」に対しては、根本的な「人間の生存権」というのがありますので、生存権をもとに、抵抗権――「国の行政命令や不当な法律に対して抵抗する」という努力もしてください。そうしないと、あっさりと潰れます。本当にあっさり潰れます。抵抗して考えて、自分なりにロジックを考えて、やってください。それをやらなければ駄目です。

そして、宣伝するのです。

例えば、「○○とかという、この職業は、やってはいけない」とか言われたら、「うちの場合は、換気《かんき》がこれだけよくなっていて、絶対、安全です」とか、「うちの会場では、『THE THUNDER《ザ サンダー》―コロナウィルス撃退曲《げきたいきょく》―』(作曲 大川隆法)

というBGMがかかっているため、コロナウィルスには罹《かか》りません」とか、「強い信仰心《しんこうしん》は、あらゆるものを打ち消す」とか、何でもいいから打ち返さなければ駄目なのです。

抵抗権で戦って、自分の仕事を護《まも》ってください。会社を護ってください。これをやらないと、補助金なんかを当てにしたって、最後はもう財政赤字で出てきませんから、もう、そんなものを信用しないでください。信用しないことも大事だと思うのです。

信仰は、宗教に対して、神に対してしてください。

政治家に対して信仰はしないでください。彼らは嘘《うそ》をつくのは得意です。もう、ごまかすのは得意です。騙《だま》すのは得意です。それを言い切ったら、むしろ「力がある」と思われるのです。

だから、「いま、政治に必要な考え方」を言いました。

できるだけ「国民経済の復活」を邪魔《じゃま》しないでいただきたい。

できるだけ「神仏の考え方の流布《るふ》」を邪魔しないでいただきたい。

そして、各人が、そういう堕落《だらく》するような生き方、もう丸抱《まるがか》えの、「ゆりかごから墓場《はかば》まで、全部、面倒を見てくれるから、何もしなくてもいい」というような、そんな、「ときどき雪のなかでサウナに入《はい》れることだけを楽しみにするような国」みたいなまねごとをしないような国にしなければいけません。

だから、ここはもう一回、各自、「企業家精神《きぎょうかせいしん》」を持って生き抜《ぬ》くことが大事だと思います。

第4章

二宮《にのみや》尊徳《そんとく》流経営サバイバル術

――激動の時代をいかに生きていくか――

二〇二一年一月十六日　説法《せっぽう》
幸福の科学　特別説法堂にて

1 緊急《きんきゅう》事態のなかで生き残る厳しさとは

統制経済が世界に広がっていきそうな感じがする

今日は、経営、経済、それから人の生きていく方法等についての話になるかと思います。

こういうものについては、去年、二〇二〇年の五月に出した『コロナ不況《ふきょう》下のサバイバル術』（幸福の科学出版刊）というもので、まだその初期の段階ですけれども、最初の厳しい「ステイ・アット・ホーム」で、「外出するな。買い物に行くな」と言われていた厳しいころに言った本が出ていますし、もうちょっとあとの七月にも、『人の温《ぬく》もりの経済学』（幸福の科学出版刊）ということで二カ月ぐらいで言っております。

去年のこの段階ではまだ始まったばかりだったのですけれども、「あっという間に〝北朝鮮化《きたちょうせん》〟していく危険」を説いていたと思います。

こういう緊急《きんきゅう》事態ということになりますと、すぐに統制経済のようになってきますが、統制経済がいちばん合っているのは、軍事独裁下での生活でしょう。「配給制」です。配給制で物事を割り当てて、「このくらい配給する」とかいうようなものだし、軍隊などのなかでもそうでしょう。食料から武器弾薬《だんやく》についても配給等とほとんど一緒《いっしょ》でしょう。それから国民も食料を決められてやっている。まあ、そういう状態でしょう。

北朝鮮とかもそうなっていると思いますし、中国も見えない部分はそうなっていると思いますけれども、世界に広がっていきそうかなという感じを持っています。

「営業停止」と「補助金」をずっと続けたら、お店も政府も潰《つぶ》れる

（去年の）五月、七月に出した本で、それからもう半年ぐらいたっていますので、現時点、二〇二一年の一月後半に入ったところでの考えということで述べます。

アメリカでは、トランプさんからバイデンさんへと大統領が今、替《か》わろうとしているところで、バイデンさんはまだ就任はしていないのですけれども、あと四日ほどかと思いますが、「二百兆円のコロナ対策を打つ」とか言っていますし、「一人当たり十四万円とか十五万円ぐらいのお金を撒《ま》く」とかいうように言っています。

ずいぶん、まあ、ある意味では結構な時代なのだなと思うことは思うのです。

就任前で議会の承認も経《へ》ないでも、大統領が「二百兆円を撒いて、各人に十四、

五万円ぐらいのお金を撒く」とかいうようなことが言える時代なので、すごいです。

確かに、宗教性が落ちるだけのことはあります。政治がある意味で優《やさ》しすぎる。優しすぎて──ポピュリズムとも言うのかもしれませんが、人の人気を取るための手段を知り尽《つ》くしているということではありますけれども──その後はどうなるかについてはまだよく分からないということです。

日本も似たことを去年からやってきてはいます。「営業を停止した店には補助金を出す」とか、あるいは「夜の何時以降は営業しないということになったら、ちょっと補助金が出る」とか、そういうようなことをちょこちょことやってきましたけれども、あっという間に、去年のもう前半ぐらいで、東京都だけでも九千億円ぐらいは使ってしまったのではないかとも言われていますし、国のレベルになると、もはや計算がつかない状態です。

そして、病院関係、医療関係者《いりょう》にそうとう入れ込《こ》んでいますので、「そちらのほうは、ずいぶん景気がいいんだろうな」と思っていたら、そうでもなくて、こちらはこちらで、「医療崩壊《ほうかい》」などと言っています。

医者や看護師のなり手がいないというか、みな逃《に》げ出し始めているとかいうことで、例えば年末年始だって休みが取れない状態です。コロナは年末年始を待ってくれず、そんなときほど人が集まるので感染《かんせん》が出るということで、休めないのです。

そういうことで、ブラック企業《きぎょう》風に医療関係がなってきたということで、医療に税金を注《そそ》いでくれているはずなのに、あまりいいイメージはなくなってきつつはあります。

それもあるし、今後の対策に関しましては、政府のほうでは、まだ一部の方の意見ではありますけれども、「法律や法令に従わない者、例えば『こういう状態になったら入院せよ』という状態になっているのに、しなかったら懲役《ちょうえき》一年を科す」とか「罰金《ばっきん》五十万円を科す」とかいうようなことも言い出したりしていますし、強制入院や隔離《かくり》みたいなことを、強制力を使ってやるという感じになってきています。ある意味では、個別の業種はつかめていないというか仕事そのものはつかめてはいないだろうけれども、一つのジャンルにあるものが一緒くたに扱《あつか》われることも出てきています。

例えば、夜十時以降の営業禁止とか、夜八時以降の営業停止とか、ヨーロッパのほうでは夜六時以降の営業停止のところも出てきておりますので、そうなってきたら、夜の仕事が中心のところは事実上潰《つぶ》れてしまいます。それは潰れてくる。だから、「補助金としての〝税金〟を撒く」と言っているわけですけれども、これも、一時的に休業すれば感染症《しょう》が全部止まり、いい方向に向かってすべてがバラ色に向かっていくなら、それでも我慢《がまん》はできるでしょうが、「これがどこまで続くのか」ということです。

こういうことがずっと続いたら、お店も潰れるけれども、政府も地方公共団体もみな財政赤字で潰れてしまうことになるでしょう。民間の人たちが働いてくれないから、税金が入らないのです。税金が入らないのに補助金だけを出すということはどういうことかというと、国とか、都や県の財政は、これは「赤字になる」ということです。

そして、回復の見通しがつかないということになってきますから、けっこう厳しい状況です。

全体主義国家と同じような方向に行きつつある日本

疑問はいろいろあるのですが、「マクロで全体をどうこうしよう」というのは、もう非常に難しいことだと本当に思います。

感染症学者は感染症学者なりに、「広がらないようにするには」ということで考えて言うのだけれども、それ以外の分野についての知識・経験がないために、どういう波及《はきゅう》効果を生むかということは十分考えられないでいて、「それは政治がやることだ」と思っているのだろうとは思います。

日本で言う「３密理論」、密集・密接・密室みたいなものがとにかくうつりやすいというのは、それはある意味でそのとおりだろうと思います。そういうことで「避《さ》けろ」と言っているわけだけれども、これが何を意味するかということです。

経済的には、今年も現時点では緊急事態宣言をまた一カ月間やっている最中《さいちゅう》で、効果が出るかどうかを見ているところです（説法当時）。例えば、会社に行く人間を七割削減《さくげん》してくれと言っている、自宅でテレワークをしてくれと言っているけれども、危険な誘惑《ゆうわく》ではありましょう。

自宅にいられてテレワークだけで済むというのはありがたいけれども、やってみたら「仕事がなかった」ということもあるのです。

人が集まっているからこそ、連絡《れんらく》したり相談したり決裁を受けたり、実際に相手先に出向いたり交渉《こうしょう》したりする仕事があったわけで、テレワークだけで全部それがカバーできるとは思えないところがあるので、自宅待機組はもしかするとそのまま失業組になる可能性があるということです。

一カ月ぐらいで済めばいいけれども、これが一年続いたら、事実上、失業になるのはほぼ確実でしょう。

それから、「引きこもり」とかも問題になっていましたが、七割、八割の人が引きこもり状態になるとなったら、問題どころか、引きこもりが普通《ふつう》で、地下の動物みたいに、モグラとか、あるいは深海の深海魚のような生活が続いてくるわけです。

表に出てきている人のほうの数が少ないということで、今はテレビカメラ等もあるので、渋谷《しぶや》の交差点を歩いている人が今何人いるとか、何割に減ったとか、駅での乗車率がどのくらいで何パーセント減ったとか増えたとか、細《こま》かく言ってくださっています。幸福の科学は中国のほうでの監視《かんし》カメラの批判とかもしていますけれども、日本も結局は同じような方向に行きつつあります。

また、感染症を突《つ》き止めるためには感染経路も知らなければいけないということで、その人の一日の行動パターンを調べ上げて、「濃厚接触者《のうこうせっしょくしゃ》は誰《だれ》か」ということころを見つけなければいけないとか、「どこでクラスターが発生したか、集団で発生したか」とかいうようなことで、怖《こわ》いことです。まあ、こんなたとえでいいのかどうか分からないいけれども、ドイツのヒットラーのナチスが「ユダヤ人がどこに隠《かく》れているか」を探しているような、ちょっと似たような感じは出てきつつはある。

感染者は犯罪人みたいに隠れなければいけなくなってきつつあり、あるいは「見つかって入院しなかったら、懲役一年」などと言われたら、それは恐《おそ》ろしい話ではあります。

ある意味で、感染者みんなを隔離病棟《びょうとう》に入れたくなる時期ではあるのです。これは、実際に行われているところでは、今でも行われているのですけれども、そういう監視国家で全体主義国家のところでは、国境に近い所あたりに隔離棟をいっぱいいつくり、放り込んでいるのです。

今朝《けさ》の新聞を読んでいると、中国では「八カ月ぶり」と書いてあったでしょうか。去年のいつかからだったか、「感染症を克服《こくふく》した」とか宣言していましたけれども——それから年が変わって八カ月ぶりにコロナで死者が一人出たとかいうことですが——嘘《うそ》に決まっています。

あるはずがない話です。「ない」ことにしているだけだけれども、国際的に広がっているし、調査団が来たりしているから、「まったく人が死なないのはまずいな」と思って、少しずつ死んでいることを公表して慣らしていこうとしているところだとは思います。

この統計操作で報道管制を敷《し》けば、だいたい国民を信じさせられるというのは、日本も戦争中にそういうことがありました。「大本営発表《だいほんえい》」といって、実際は海戦をやって負けていても「大勝利」ということだけを報道していた新聞等が、戦後はその反対ばかりやっています。要するに、「報道のところを押《お》さえて数字を調整すれば、成功しているように見える」ということはあるけれども、一定以上の大きさになったら、それは無理は来るでしょう。

北朝鮮みたいなところでも「感染者はいない。死者はいない」と言っているのだろうと思うけれども、実はそんなことはありえない話です。だから、権威《けんい》主義体制を護《まも》るには、そういうまずいことは全部封殺《ふうさつ》することが大事だし、とにかく反乱の芽を摘《つ》んでいくということだし、具合の悪い人は隔離して言わせないようにする、言論をさせないようにするということなのだろうと思います。

やはり、戦争下でなくても、こういう「非常事態」とか「緊急事態」とか言われると、似たような傾向《けいこう》は出てくるので、このなかで生き残っていけるかどうかというのはとても厳しいことです。

2　二宮尊徳《にのみやそんとく》流の財政再建の方法とは

戦後、繰《く》り返し起きた「経済の再建と崩壊《ほうかい》」を振《ふ》り返り、今を見る

昔の時代は、「ペストが流行《はや》った」「天然痘《とう》が流行った」みたいなときでも、教会、神社仏閣《ぶっかく》、お寺等が救済の任に当たるようなときもありました。しかし、現代ではそういう機能も失われて、コロナ禍《か》で宗教のほうも――日本で言えば旧仏教、神社、キリスト教、それから新宗教等も――どこも活動ができなくなって、厳しい状態になって潰《つぶ》れていっているのではないかと、今、言われている状態です。

「人が集まってはいけない」と言われたら、宗教はほとんど機能しなくなって

くるのは当然でしょう。そういう状態になってきます。

かつての中国などでも、「生活が苦しくなってくるとお寺に逃《に》げ込《こ》む」というか、山寺に逃げ込む人が増えるので、一定数以上、出家者《しゅっけしゃ》が出ると、還俗令《げんぞくれい》が出されたりしていました。「働け」ということです。要するに、税金を納める人がいなくなると困るから、働かせるために坊《ぼう》さんや尼《あま》さんの数を減らそうとするようなことが過去よくありました。

そういうことで、長い間ではちょっと似たようなこともあったのですけれども、戦後の日本ということを考えますと、現在のコロナ禍で進行していることはまだ一年ちょっと、一年ほどなので（説法当時）、そこまで思っていない人のほうが多いかとは思うけれども、「こういう感じが続いていくとどうなるか」というシミュレーションをしてみると、もしかしたら、戦後は経験のないことが今、起きているかもしれません。

戦後として見ると、戦争が終わったあとの、荒廃《こうはい》した、爆撃《ばくげき》されて焼け野原になった都市の再建は、それはもう本当に露天《ろてん》商から始まっていきました。違法行為《いほうこうい》であるところの「いろいろなものを調達してきては売る」みたいな、そんなあたりから始まって再建してきたものですが、そのころは確かに厳しかったでしょう。厳しかったけれども、「やったらやっただけ、いろいろなものが出来上がってくる」という喜びもあったことはあったと思います。

それから、一九七〇年代ぐらいになりますと、田中角栄《たなかかくえい》さんが首相をしていたころあたりには「石油ショック」というものもあって、それで超《ちょう》インフレが起きて、みんなが衝動《しょうどう》的になり、何が起きるか分からない感じになって、トイレットペーパーの買い占《し》めというのが起きたりもしました。おかしい話ですけれども、石油ショックで、なぜトイレットペーパーを買い占めなければいけないのかはちょっと分かりません。ただ、理性を失いますので、とにかくサバイバルしようと思ったら、トイレットペーパーがなくなったら困るということで、一年分ぐらい、みんな買い占め始めたので品薄《しなうす》になって、それで大騒動《おおそうどう》したことが、七〇年代にはあります。

それから、八〇年代が終わるころに、「バブル崩壊《ほうかい》」といわれるものがありました。八九年に株価が最高値《さいたかね》をつけて、そのあと崩壊に入っていくのです。金融《きんゆう》引き締《し》め、土地の値下げとか融資規制等が始まって、それで、構造的に、上の政府のほうからの改革で、土地の値下げや株価の下げを始めたわけですが、ある意味では、これは、憲法で保障している私有財産を勝手に半分にしたりしたわけですから、本当は憲法違反だと思えるのです。「公共の福祉《ふくし》に値《あたい》するものならしかたがない」というところもあるけれども、本当にそうだったかというと、個人で言えば、例えば、「自分の家・土地で三千万円の資産がある」と思っていたのが、半分に下げられたら千五百万円になりますし、「資産の一部として株を持っていた」というのが、平均四万円近かった株があっという間に暴落して二万円、一万円と下がっていったら、それは資産の目減りです。

そういうことが起きたので、貧しくなったわけです。企業《きぎょう》と言わず個人と言わず、貧しくなってしまったわけで、これは、後遺症《こういしょう》はなかなか長引きました。

それから、九〇年代後半は、金融不況《ふきょう》として銀行がいっぱいバタバタと潰れて統廃合されて、その過程で、緩《ゆる》い融資をしていた、大口融資をしていたところなどはどんどん引き揚《あ》げをされたので、企業のほうも統廃合はそうとう起きて、潰れたところも出てきました。これも厳しかったのです。

そのあとは、二〇〇八年ぐらいの「リーマン・ショック」というものがアメリカでありました。

これも夢のような話ではあるのだけれども、収入がないのに、郊外《こうがい》に土地付きの家が買えるようなことがまかり通っていたということです。金融工学を使えば、本当は借金があっても、それをいろいろ組み合わせて、世界中に散らばらせることで分からないようにして、売り買いしているうちに、儲《もう》かっているように見えてくるわけです。

普通《ふつう》は収入がなければできませんが、例えば、アメリカの郊外といったら二十万ドルぐらいの家だから、二千万円やそこらくらいだと思うけれども、お金がなくてもそれが買えるようになった。一時期流行ったけれども、またそれが崩壊し、潰れてきたということです。

これは、日本のなかでは、一九九〇年代の後半の、山一証券《やまいちしょうけん》とかの株の含《ふく》み損の「飛ばし」に当たるでしょうか。いろいろなところ、子会社に飛ばし、海外に飛ばし、分からなくして、儲かっているように見せていたのにちょっと似たようなものはあったと思うのですが、これは、日本よりアメリカのほうが後発で起きたような感じには見えました。

それが、八年ぐらいオバマさんの時代があって、トランプさんになって「普通に働いて産業で回復させよう」という時代を四年ぐらいやっていたのだけれども、また今度、コロナ不況が始まって……、ということです。だから、せっかくの経済再建をしていたのが、また全部元に戻《もど》ろうとしている状況です。

日本も、おそらく、ものすごい財政赤字を抱《かか》えておりながら、さらに、見たことのないような国債《こくさい》を発行して、日銀が引き受けて、それをバラまくという政策を取っています。これについては、ポピュリズムだけれども、反対はできない――与党《よとう》も野党も反対できる人はいない――ということでやっています。

そういうことで、逆に、マスコミ、特に今は週刊誌等からは、政治家等のお大尽《だいじん》ぶりを攻撃《こうげき》するということが増えてきています。

国民には、年末に「忘年会等をやるな」「四人以上で集まって、食ったり、飲んだり、歌ったりするなよ」というようなお達しがあったのに、政治家のほうは、

「八人で集まって高級ステーキを食った」とか、東京だけ狙《ねら》われていると思ったら、「北九州の辺りまで行ってフグ料理を九人で食っていた」とか、そのあたりまで週刊誌に書かれるようになっています。

昔の時代劇を観《み》ているようで、悪代官が千両箱を開けて数えているような感じの、そんなようなつつき方をしている。古典的ですけれども、しかたがないと思います。「上に立つ者が『下々《しもじも》は我慢《がまん》せえ。お上《かみ》は我慢せんぞ』」というのは、それは許さないから、お金をバラまいていても、それでもまだいろいろとやられている。

同じ流れで、皇室なども、税金の無駄遣《むだづか》いみたいなことを、けっこう、一億円レベルでまで追及《ついきゅう》はされております。「民間降嫁するのは、民間人にタダで税金を取られるような感じになる」みたいなことで、いろいろと言ったりもしております。あまり触《ふ》れたくない話題ではありますけれども、そうとう厳しくなってきているということは間違《まちが》いないと思います。

今、参考になる二宮尊徳《にのみやそんとく》の生き方とは

・借金によって自転車操業する商社や銀行の危《あや》うさ

さあ、こうしたなかで、どうやって生きていくかということについて、一つの事例的に参考にすべきものとしては、江戸《えど》時代の末期のころではあるけれども、二宮尊徳《にのみやそんとく》の生き方が一つの参考になるかなと思っております。

当会の映画等にも出てきたと思うのですけれども、私が商社に勤めていたときは、商社の経営自体もバブルでした。兆の単位のお金を大手銀行からいっぱい借りて、全部合わせて百行余《こう》りぐらいから借りていました。「兆」の単位のお金を借りて、それで何兆円もの売上をあげて、でも、もう最後に経費をいっぱい引い

たら、残りの利益がすごく少ないというような、そんな経営をやっていて、「それが回転し続けるかぎりはいける」という自転車操業型をやっていたのです。商社もそんな感じだったのですけれども、もう本当に、コミッション（手数料）で食べていくのは厳しい状態でした。

実は銀行もそうなっていたというのは、みんな知らなかったのです。「銀行だけは潰れない」と信じていました。一九九〇年代ぐらいまで、銀行も実はそうでして、個人や企業から預金をもらって利息を払《はら》いながら、貸し付けをし、その支払い利息よりも高い貸し付け利息を取って、その間の利益が出ている分で、なかの行員たちが給料をもらって食べていたということでした。自転車操業は、あちらもそうだったのです。

何十兆円も預金があっても、それは、自己の手持ちのお金というか、自前の現金を持っているわけではなくて借りているもので、借金に対して利払いしながら、それを又貸《またが》しして、もっと高い利息をもらって食べていくという状況だったのです。

これは、今みたいな低金利時代になってきたら、かなり厳しいは厳しいでしょう。日銀などでは「ゼロ金利」とか「マイナス金利」とかいう言葉も出てきているけれども、銀行のほうも貸し出し金利は非常に低いから、儲からない、利益はあまりない。

結局、どうするかというと、一流大卒がいっぱい入っている大手銀行等も、これでは食べていけないですから、結局、消費者金融のほうにこの銀行のお金は流れていって、一流大卒ではちょっとできないようなヤクザな取り立てをするわけです。消費者金融のほうを経由して、十五パーセントだ、二十パーセントだ、場合によっては三十パーセントだというような、もうヤクザまがいのものまでやって取り立てたりしている部分がなかったら、本体の銀行のほうだって実は利益が取れないみたいなこともあったりするわけです。

・「民主主義の代償《だいしょう》」のバラマキで借金が膨《ふく》らんだ日本政府

そういうことがあって、九〇年代の終わりからあと、小さいところでは潰れていくところもいっぱいあったということです。これに対して、政府のほうは赤字国債を出して、お金をバラまくというスタイルをやってきました。

それで、八〇年代の中曽根《なかそね》臨調のとき、中曽根・土光《どこう》さんの臨調のときで「政府の借金が百兆円ある」ということで、これをなくそうと言ってやっていたのが、今では一千二百兆円近くぐらいはあるのではないかと思います。その十倍以上に膨《ふく》らんでいて、まったく役に立たないのです。

でも、これは「民主主義の代償《だいしょう》」みたいなところがあって、「政権を維持《いじ》するためには撒《ま》かなければやっていられない」ということです。そういう巨大《きょだい》な買収のからくりが出来上がっていて成り立っていたのが、今はまたぶっ潰されようとしている。ちょうど「桜を見る会」のあたりは象徴《しょうちょう》的ですけれども、桜を見て花見酒をやったあとに崩壊が来るような状況が、今、来ているということだと思うのです。

・商業を中心にしなかった徳川幕府の「経済政策の失敗」

では、二宮尊徳《にのみやそんとく》の時代はどうだったかというと、やはり、もう藩《はん》がみな「財政赤字」でした。

それはそうでしょう。なぜなら、家康《いえやす》がやり始めたころは石高《こくだか》制で、「この土地からはお米が何石取れる」と決めたもので藩の財政力が決まっていて、それで、「侍《さむらい》に扶持米《ふちまい》を幾《いく》らくれるか」「何石くれるか」というのを決めてやっていたのですが、経済の構造が変わってしまいました。

商業のほうも発達して、農民のほうがだんだん貧しくなっていって、発展しない状態になっていったから、だんだん町民からというか商人から金を借りて、赤字ができてきつつあって、払えなくなってきたのが幕末です。これも、明治維新が起きた一つの原因だと思うのですが、その商業というところを、徳川幕府をつくったときによく見抜《みぬ》けていなかったところがあるということです。

「農業のほうがしっかりしていて安定していて、毎年これは必要なもので、一定の収穫《しゅうかく》があってみんなが食べていける」「これを中心に考えているのが、税金としてはいい」と思っていたわけですが、（その一方で）「商業というのは怪《あや》しげなもので、儲かったやら損したやら、もう浮沈変転《ふちんへんてん》がいっぱいあるので、こちらのほうを中心にしなかった」というあたりが、経済政策として失敗したというところはあると思います。

・赤字となった藩《はん》を死ぬ覚悟《かくご》で財政再建した二宮尊徳《にのみやそんとく》

　ということで、二宮尊徳が、最初、武士でもないのに小田原藩《おだわら》の家老的な立場で召《め》し抱えられて、「財政再建をしてくれ」と言われてやったときなども、もう必死の思いでした。家族とも縁《えん》を切って、「もう家には帰れないから」ということで、小田原藩で、三百六十五日二十四時間体制で、「財政再建のために鬼《おに》になる」というようなことでやって、「質素倹約《けんやく》を進めながら、どうやって収入を上げるか」というようなことを、開墾《かいこん》を進めたり、収穫を増やす方法を考えたりしてやりました。

　その功績が認められて、またもう一回、今度は今の栃木《とちぎ》県のほうでの財政再建を委ねられてやったけれども、最初、二宮尊徳の言うことがあまりに厳しい――、厳しすぎるので、みんな言うことをきいてくれないというようなことがあり、成《なり》田山新勝寺《たさんしんしょうじ》のほうにお籠《こ》もりして、祈願《さがん》までしていた時期もありました。みんながきいてくれないということで、二宮尊徳は死ぬ覚悟《かくご》でやっているのだけれども、それが分からないわけです。

そういうふうに、財政再建は非常に厳しいものだったと思うのですが、一人ひとりに自覚を下ろすまで、なかなか行かない。

今までお上《かみ》の気分でやっていた人たちに、「そのやり方を変えろ」「生活様式を変えろ」と言ってもきいてくれないし、農民のほうは農民のほうで、「『もっと働け。税金を納められるようになれ』と言ったって、飢饉《ききん》が来たら、あんなものできるか」ということです。「飢饉のときには、納めるものもない、食っていけるものもない」ということです。

こういうときに、どうやって財政をつくるかというようなものも、彼は〝二百五十年計画〟のようなものぐらいまで持ってやっていたようではあるのです。

財政再建には、「県レベルで赤字を黒字に変えていく方法」や「政治家や役人の心掛《こころが》け」を考え、「税金を納める人間の心の態度」を変えなくてはならない

実際には財政再建は難しい話ではあるのです。

明治政府ができて新しい税制度ができたら、この二宮尊徳流の藩の再建について、「県になったけれども、再建でやっていたから、これをそのままやらせてくれ」という陳情《ちんじょう》がありました。

西郷隆盛《さいごうたかもり》がそれを聞いて、「尊徳先生がそうおっしゃったのなら、まあ、それは正しいでごわっしょう」という感じで、明治政府の財務省に当たるところへ話をしに行くのだけれども、「相成《あいな》らん。全国一律の税制、一律のやり方でやる」ということでした。

西郷さんの顔・メンツ丸潰れですけれども、尊徳のその財政再建法のほうも潰されて、全国一律制でやるようになったわけです。

基本は、「藩あるいは県レベルでの、財政赤字を黒字に変えていくための方法を考えなくてはいけないし、さらには、そこの政治家や役人の心掛《こころが》けを考えなくてはいけないし、その税金を納める側の一人ひとりの人間の心の態度を変えなければ、まず駄目《だめ》だ」ということです。

二宮尊徳はあの時代の経営コンサルタントではあるわけで、〝二宮尊徳神社〟が建っていますから、百年もたたずして、もう神様になってしまった方です。「それほど難しい」ということだと思うのです。

だから、「今の日本のもう一千二百兆円になりなんとする財政赤字のなかで、この財政赤字を解消しながら、継続《けいぞく》的に発展できるような国をつくる」というのは、それは神様になる資格があるぐらい難しいことなのだろうと思います。だから、結局、お金は出ていくばかりになる。優《やさ》しすぎると言えば優しすぎるのです。共産主義のなかにも、『旧約聖書《きゅうやくせいしょ》』からあるところの、『旧約聖書』『新約聖書《しんやく》』にもある「貧しき者の側《がわ》に神様は立っている」みたいな考え方も、入っていることは入っているので、マルクスはユダヤ人ですから、それを使ってつくったところもあるのです。

これで、反対側の自由主義陣営《じんえい》も、このままだと負けてしまうので、累進課税《るいしん》――要するに「収入が高い者から高い税率でお金を取る、税金を取る」――というのと、あとは「相続税等を取っていく」というようなかたちで、〝あるところ〟から取って、〝ないところ〟に撒く。

それで、生活保護をしたり、災害（被災者）やその他、病人とか、いろいろな人を助けるような感じのことをやり始めているので、両者は、結果的には似ているようなところになってきているわけです。

だから、共産主義国であっても、体面はそのとおりだけれども、実際は、権利があるというか立場がある人たちは「金儲け自由」になっています。日本ではちょっと考えられませんけれども、意外に、市長あたりで、もう何十億、何百億という私財をこしらえるぐらいのところまで行《い》って、海外にその私財を逃がしたりするようなことまでやったりしてはいます。

その方法としては、子弟《してい》とか親戚《しんせき》の子とかを海外に留学させて、そちらに、海外に家族をつくるかたちにして、財産を移動させるようなことをやっていると思います。

習近平《しゅうきんぺい》とかは、「トラもハエも同時に殺す。トラのような大きな力を持っている権力者もハエ叩《たた》きで潰《つぶ》すけれども、ハエも潰す」というようなことで、不正一《いっ》掃《そう》みたいなことを言っているけれども、自分だって百億、何百億も蓄財《ちくざい》はしているだろうと推定はされてはおります。

ただ、このへんのマクロの話になると、もう、（実際のところは）ちょっと難しくて分かりませんけれども。

「バブル期が終わった」と思っていたなかにも、まだあったバブルとは

今はコロナの時代であり、今、政府がやっていることも、あまり批判してはいけないとは思うのですが、「休業したらお金をくれる」とか言っているのは、ありがたいことではあるのだけれども、それは、短期で終わった場合にのみ有効ではあるけれども、短期で終わらなかった場合には〝共に地《じ》獄《ごく》へ道連れ〟みたいな感じにはなります。

「営業しないところにお金を撒く」ということは、税金を払わないところにお金を撒いているわけですから、これは〝埋《う》まるはずもない泥沼《どろぬま》〟にはなってきます。

それから、お金を撒いている先も、実際上、お金を消費していない。使っていないのです。「外出するな」「旅行するな」と言っているわけですから、お金を使っていないのですけれども、使っていない、要するに「人工的にできた引きこもり状態」になっている人たちにもお金を撒いているわけです。「お金を使っていない人たちにもお金を撒いている」というようなことで、これが本当にいいことなのかどうか、あるいは先行した失業投資なのかどうか、ちょっと分からない部分はあります。

会社のほうでは「休め、休め」と言われて、うまいことそれに乗っていると、結局、「要《い》らない。なくてもいい」ということで、クビ切りになる可能性もないとは言えません。

JAL《ジャル》とかANA《アナ》、ANA《エーエヌエー》の乗客も大幅《おおはば》に減って、便数も減っていますから、こんなところでの客室アテンダントなども、今、サービス人材派遣《はけん》センターみたいになって、いろいろなところに派遣されています。

「一時期、そちらでアルバイトをしていろ」みたいな感じになってきつつあるので、これからの経済構造はどうなるか、とてもとても難しいところだと思います。

ただ、公《おおやけ》に、「政府や地方自治体の命令は一切《いっさい》きくな。それに反対して生きろ」と言い続けると、いろいろと〝祟《たた》り〟がありますから、私のほうも去年は大胆《だいたん》に言っていますが、今は非常に言いにくい状況になってきているのかなと思います。

なぜなら、「飲食業等で夜に営業したら罰則《ばっそく》がつく」とか「懲役《ちょうえき》一年にするぞ」とか言われたら、それはもう、みんな震《ふる》え上がります。

それから、会社であっても、もし「社員の三割以上が出勤していたら罰金を科す」とか言われたら、もう震え上がるでしょう。

要するに、「働いたら罪になる」という感じになってきたら、「これ、どうやったらいいのだ」という、みんな、刑務所《けいむしょ》に収容された状況、あるいは病院で隔離《かくり》されている状態という感じになります。

「ペスト時代の経済学は、今に持ってきたら、どうなるか」といっても、これはちょっと分からないわけです。その当時には経済学がなかったから、ちょっと分からない状態にはなります。

ただ、みなさんに今思ってほしいことは、現在来ている状況は、「『バブル期は終わった』と思っていたけれども、改めて、コロナ禍の新たな舵取《かじと》り下で考えてみると、『バブルは終わったと思っていたなかに、まだまだまだバブルはあったのだ』」ということが見えてはきます。

その一つは、次のようなものです。

今は「テレワーク」も言われているけれども、本当は、「GAFA《ガーファ》」などといわれているような、グーグル、アップル、フェイスブック（現・メタ）、アマゾンなどは、もう、ものすごく力を持って広がっているし、コンピュータ系の企業もずいぶん大きくなって、ゲームも含めて増えていると思うけれども、「いや、このなかにも、やはりバブルはそうとうあったのではないか」と思われる。「要らないものがそうとうあって、『時間』と『お金』と『仕事』の無駄をつくったものは、そうとうあったのではないか」というふうに思います。このへんを、もう一回、見直さなければいけないかなと思います。

ゲームについては、まだそちらの業界は好調ですから、ゲームをつくって売っている会社などは儲かっています。しかし、ちょうどこれで引きこもって、「会社に来なくていい」と言われているから家に引きこもり、することもないから、だんだん仕事もなくなって、家で息子《むすこ》と一緒《いっしょ》にゲームをやっている親ばかりになってきたら、先は〝首くくり〟ものでしょう。おそらくそうなるだろうと思う。

そういう人たちもそうなるけれども、「そんなゲームばかりつくっているところだって、結局、何も富は生んでいない」ということになります。

「正当な働き、仕事があって、その疲《つか》れを癒《い》やしたり、気晴らしをするために、そういう遊び事のようなのがある」というのは、分かることは分かるのです。それは一定の効率を生むものかもしれない。けれども、ただ遊びだけが仕事のようになったら、それはちょっと無理になってくるでしょう。

だから、「国民の大部分が、フリーターみたいになったり、引きこもりみたいになったり、明日《あした》どうなるか分からない人みたいになったら、大変な時期が来る」というふうに私は思います。

３　全体主義が復活する危険について

弱者の側に立つマスコミ報道に踊《おど》らされることの危《あや》うさ

心してほしいことは、次のようなことです。

今、マスコミというものもまた、功罪があぶり出されていると思うのです。「国民の民意で政治が行われている」というふうに思ってはいるけれども、多分にマスコミを通じての間接民主制になっているところはあって、マスコミの情報で踊《おど》らされているところはそうとうある。

マスコミというのは、基本的に、悪いことを伝えることが多いのです。だから、ニュースとかを見ても、悪い気分になるし、新聞や週刊誌等を見ても、悪いことが頭に入ってくることが多い。これを全部、悪意とは言わないのです。全部、悪意とは言わない。

というのは、NHKなどでも、入局したときに最初に先輩《せんぱい》から言われることは、「報道の姿勢としては、弱者の側に立って報道するのだ」ということです。「これが報道の基本姿勢だ」というようなことを教わるというふうに言っています。

ということを考えれば、どういうことになるかというと、「強者の側、要するに政治、行政、あるいは大企業《だいきぎょう》等から利益を食《は》まれて貧しく、あるいは不遇《ふぐう》をかこっている人たちの側に立て」ということだから、そちらのほうを批判するというのが基本的な立場になります。

この立場自体は、マルクスが『共産党宣言』のなかで言っているような、「資本家に搾取《さくしゅ》されて、みんな貧しくなったのだ。だから、資本家側から今度は富を取って、みんなにバラまけば、平等な社会が出来上がるのだ」という考えと一緒《いっしょ》です。

だから、基本的にその考え方に近づいてくるので、「共産主義」になるのです。それに近い考え方が主流になってくるのです。

この背景には、一部、エリート感情を持っている人たちの、「自分たちが世の中を動かして、自分たちがこの貧しい人たちを豊かにして、悪い、大金持ちになっている人たちから金を取ってやって、撒《ま》いているのだ」という考え方が入っているのではないかとは思います。

ただ、それは、動機はよしとしても、もし、結果として見通しが間違《まちが》っていたり、破滅《はめつ》する方向に疾走《しっそう》させている状態が起きたとしたら、これは、「スペインの闘牛《とうぎゅう》で、闘牛士が競技場のなかでやっている分にはいいけれども、牛が暴走して街のなかを走り始めたら、死人がいっぱい出てくる」という状況《じょうきょう》に近くはなるかもしれません。

昔あった全体主義が、今、姿を変えて復活している

・個人を監視《かんし》する「AI全体主義」の社会の出現

私が今怖《こわ》がっているのは、ある種の、質が変わった全体主義の復活なのです。

一つは、「AIを使えば、AI全体主義というのができる」ということが分かってきている。

パソコンとかケータイや、あるいはスマホの普及《ふきゅう》等が「個人が言論を自由に発信できたり受信できたりして、もっと自由な、民主主義的な社会ができるものだ」とみんなが思っていて、そうした企業を応援《おうえん》したりして、人気が高かったところもあるけれども、これがまた、逆に、一元管理ができる社会になろうとしている。

だから、個人がもう、アリの観察でもされているかのように見られる社会になろうとしている。恐《おそ》ろしい社会です。

これは、ちょっと前の映画等を観《み》てみると、似たようなのが出てくるのです。「監視《かんし》されている社会」です。例えば、ポーランドなどで一九八〇年代にも――私はもう学生が終わって社会人になったころですが――神父《しんぷ》が秘密警察に殺された事件などをやっている映画もありました。

やはり、そういう監視です。今よりももうちょっと原始的な手段だけれども、人による監視等により、要するに「自由を説き、政府のやり方等に対して、民衆の盾《たて》になっているような宗教家」とかそういう人が暗殺されたりもする時代もあるのです。

もっと前になれば、スターリン下のソ連は、物が潤《うるお》っていて、唯一《ゆいいつ》、成功しているみたいに言われていたのですが、実は、ウクライナの「穀倉地帯」といわれるところから穀物を全部召《め》し上げて、モスクワに送られていた。確かに、外国人の特派員とかはモスクワにしかいられなくて、豊かなソ連しか見ていない。けれども、ある記者が脱出《だっしゅつ》してウクライナまで行ってみたら、餓死《がし》する人がいっぱいで、「ああ、肉にありつけた」と思ったら、それは死んだ子供の人肉を料理して食べていたみたいな、そんな映画もあります。

そういうところを隠《かく》せば、できる。今、これは北朝鮮《きたちょうせん》でも中国でも現実に行われていることだろうと思います。隠していると思います。悪いところは隠しているると思うのです。

そうした全体主義、昔あった全体主義が、ちょっと姿を変えて、「コンピュータを経由する全体主義」になっていると思います。

中国の全体主義も日本のカメラやレンズの会社等がそうとう貢献《こうけん》していますから、日本の利益にもなっているところもあって、どちらの罪とも言えないのですが、こういう怖さが一つあるのです。

・保健所が「業務停止」を命じて支配するような統制経済型の怖《こわ》さ

もう一つは、統制経済型です。

「何時以降、働いてはならない」とか「この業種は業務停止」とか言って、保健所が国民を支配しているみたいな感じになっています。

保健所が来たら、それは飲食店とかは怖《こわ》がりますが、食中毒を出したとかいったら「営業停止」を言われますから、その分については、たまにやる分にはいいのだけれども、保健所がこれですべてのもの、全国の取り締《し》まりをするような感じになってきたら、これはちょっと危ない。

これは悪意ではないかもしれないけれども、一つの考え方で、ほかのものまで全部切ってしまっていくところがあるので、怖いところはあります。

・「脱《だつ》CO_2型経済」の危険性――その移行において舵取《かじと》りを間違《まちが》うな

それから、もう一つ、「トランプさんの時代にアメリカが孤立《こりつ》化していた」という考えもあるのですけれども、アダム・スミスが説いていた『国富論』のもとは「自由貿易」です。

「ある国」では採れるものがあって、(別の国では)採れない。それが「あるほかのところ」では、ある。例えば、鉄鉱石とか石炭とかは、オーストラリアでは採れるが、日本では鉄鉱石や石炭は十分に出ない。まあ、昔は出ましたけれども、今は掘《ほ》り尽《つ》くしてしまっている。あるいは、石油は、中東からは出るけれども、日本からはほとんど出ない。

こういうふうなものであり、だから、石油が出るところは、その石油を、例えば「日本に売って輸出して、日本からは製品になったものをその代金で買えば、両者がウィン・ウィン（自分も勝ち、相手も勝つ）関係になる」という関係です。

だから、「貿易によって、自分の足りないところを埋《う》めて、余っているところを外に出したら、ウィン・ウィンが発生して、国が富んでくる。世界全体が富んでくる」という思想がアダム・スミスの『国富論』にあったと思うのですが、コロナが発生することによって、航空機、船、その他、電車もそうですが、人の行き来が自由にならなくなってきて、昔の関所の時代にちょっと戻《もど》ってきた感じになりますので、貿易が自由でなくなってきつつある。人の往来も自由ではありません。

こうしてくると、アダム・スミスが当然と思っていた「自由貿易論」が壊《こわ》れてくる。では、「貿易によらない国富」ではどうでしょう。要するに孤立していったら、その国で採れるものと採れないものがありますので、非常に厳しい結果にはなります。

その意味では、例えば「石油がない」「石炭がない」というなら、太陽光パネルで発電するなり、風力発電をするなり、地熱《じねつ》発電をするなり、それから、海の潮流を使う発電をするなり、あるいは海水の表面温度と深海の温度に温度差がありますので、この温度差を使った発電とか、いろいろなものもあることはあるので、そちらのほうに向いていこうとしていること自体はありえるとは思うのです。

それは、新しい産業をつくる可能性もあるとは思ってはおります。

これも、移行する仕方の「上手かどうか」というところの問題はあると思うのです。

ただ、コロナによる「大恐慌《だいきょうこう》につながるかもしれない不況」、〝コロナ不況〟がありますす。今言ったのはこうした自然の再生エネルギーを使っていくほうですので、言葉を換《か》えて言えば、「脱《だつ》CO_2型の経済にする」ということで、「CO_2が出ない、煙《けむり》が出ない産業構造というか発電体制に変えていく」ということですが、これが、もし〝コロナ不況〟と同時に来たら、こちら（脱CO_2）のほうも産業を壊滅《かいめつ》的に壊す可能性はあるものであります。ですから、〝脱炭素〟と〝コロナ不況〟とが一緒になったときは、「ダブル不況」が来る可能性もあるなと、私は今、思っています。

だから、「このへんの舵取《かじと》りは間違《まちが》ってはいけないのではないかな」というふうに思っています。

「地球温暖化」などに見る、狂信《きょうしん》・妄信《もうしん》型の考えの怖《こわ》さ

つい先ごろも、正月のテレビを観ていたら、前々からつくっていた番組であるのでしょうけれども、ＮＨＫで、「気候温暖化の問題」をスペシャルでやっていて、「雪が降らなくなって、もう本当に水不足になって、世界が暑くなって、生き物が棲《す》めなくなってくる」というような番組をやっていました。

しかし、その前後のニュースは、「新潟《にいがた》から東北のほうで大雪が降って、一千台が立ち往生して動かない。こんな雪は見たことがない」というようなものをやっていたのです。

「こんなのは、四十年も見たことがないな」とか言うような人がいて、車の上にも積もっているし、家の上も二メートル以上の雪が積もっていて、自衛隊出動で、自衛隊員はみんな「私たちは土方じゃないぞ」と思っていると思うのです。けれども、家の上に上がって下ろさないといけませんが、個人でやっていると、屋根から落ちて死んだり怪我《けが》をしたりする人が出てきてしまいます。

「(NHKは)非常に具合が悪かっただろうな」と思いながら、枠《わく》が空《あ》いてしまうと困るから、つくった番組をかけたのでしょうけれども、「雪が降らなくなって」の前後が、「大雪で困って、車が動かない。ガソリンがあっても動かない。雪を除《の》けないと動かない」というようなものをやっていました。

そのようなものです。「不都合《ふつごう》な真実」と思って言っていても、現実は、何が起きるかは分からないので、台風などが来るのも地球温暖化と言っているけれども、そうかどうかは分からない。このへんにも、人智《じんち》を超《こ》えたものもあるのです。だから、人間の浅知恵《あさぢえ》や浅い科学で、「こういうことが原因で、こうなったのだ」と思ってやっていることが、違っている場合もあるだろうと思うのです。

ただ、最近は、別の意味で、宗教ではなくて別なものが、宗教に代替《だいたい》するような狂信《きょうしん》・妄信《もうしん》型のものになりつつあるような気がしてなりません。私は、とても怖《こわ》いなと思っています。

確かに、北極の氷が解けて、シロクマさんが上にいられないのは残念かもしれないけれども、シロクマさんは移動すればいいわけであって、シベリアの永久凍《とう》土《ど》が解けたら農業ができるようになるわけだし、温かくなったら魚も増えてくることもあるわけだから、シロクマさんも陸地から魚を食べに入ったらいいだけのことです。

沖縄《おきなわ》も、基地移転の問題で「ジュゴンが棲めなくなる」といって、左翼《さよく》のほうが大騒《おおさわ》ぎしていましたけれども、基地をつくり始めたら、ジュゴンはちょっと違う島のほうに移動していて、それで終わっているのです。

狂信的になる、ファナティックになるのは、こういうところです。

宗教の側が言うのは、本当にちょっと残念ではあるのですけれども、一見、科学的と思われる考えのなかに狂信・妄信があって、それで全体主義的になってくるところがあるのは非常に残念かなと思っています。

4 「ゼロから富をつくっていくこと」を考えよ

自力で富の創出をしようとした二宮尊徳《にのみやそんとく》から学ぶ「創意工夫《そういくふう》」

また、経済学も、もう難しくて、去年（二〇二〇年）からMMT理論（現代貨幣理論）のようなものが流行《はや》って、当会のほうの政治部門でも「採用するかどうか」というような議論もあったようですが、「自国通貨での国債《こくさい》を発行して、インフレが起きていない範囲《はんい》内で発行するかぎりは、いくらでもお金は出しても構わないのだ」というものです。

そうしたら、バラまけますので、まあ、バラまける。

でも、これは、こういう理論があって「是《ぜ》か非か」と言っていたけれども、今、世界がコロナの時代になってから、「是か非か」ではなくて、現実に、もう、どこもバラまき始めているのです。

先ほど言ったように、バイデンさんが就任前に、「二百兆円の対策を取って、各人に十四、五万円のお金を払《はら》う」などと言っているわけです。そのなかには自分自身も入っているだろうと思うけれども、ちょっと不思議な感じはしています。

それから、創価学会が母体の公明党なども、去年は、「Ｇｏ Ｔｏ キャンペーン」をやっていて、それを応援《おうえん》していました。彼らは、政党をつくったら、必ず自分たちに利益還元《かんげん》させることを考えるので、ときどき補助金を撒《ま》いたり商品券を撒いたりすることをやっています。「Ｇｏ Ｔｏ」でも、補助金をつけて、旅行させたり飲食させたり買い物させたりするというのを後押《あとお》ししていたと思うのですけれども、おかげで、今度は感染《かんせん》が増えてしまったというので、内部でだいぶバッシングが起きたりもしているようには聞いておりますす。

こういうふうに、もう難しい時代に入ったかなと思っています。

こうなったときには、いったん、考え方をちょっと整理する必要があると思うのです。

だから、今現在あるのが当然と思わない――「ある仕事が当然」「ある経済体制が当然」「ある政治体制が当然」「自分の生活パターンが当然」と思わないで、ちょっと、時代を少し昔に戻《もど》ってみて、そのころと引き比べて、今はどうなのかなというようなことも考えてみる必要はあるだろうと思うし、「根本《こんぽん》には、ゼロから富をつくっていく方法はやはり今も必要なのだな」ということは考えなければいけないのだということです。

これはどういうことでしょうか。

例えば、二宮尊徳《にのみやそんとく》の例を引けば、家庭が不幸に遭《あ》って、親類の伯父《おじ》さんのところに預けられて、子供ながらに農作業などを手伝わされてやっていたのだけれども、夜、隠《かく》れて、菜種油のランプか何かをつけて、布団《ふとん》のなかで本を読んで勉強していたというわけです。

それが見つかってきて、「おまえの時間も、それから、おまえがそうやって本を読んでいるこの油も全部、わしのもんじゃ。おまえのものなんか何もないんだ」ということを言われました。

今なら、ほめられそうなことです。「蛍《ほたる》の光、窓の雪」ほどではないかもしれないけれども、布団のなかでまで勉強するなんて、今なら、受験ママは大喜びで、表彰《ひょうしょう》ものだと思うけれども、「それも許さん」と怒《おこ》られた。

それで、自分の仕事が休みのときに、誰《だれ》の所有もしていない所、荒《あ》れ地を開墾《かいこん》して、ごろた石を除《の》けて開墾して畑にしていって、そして菜種を植えて、菜種を収穫《しゅうかく》して、それから搾《しぼ》って取った油を自分の読書用に使うとか、あるいは、お金に換《か》えて本を買ったりとか、そういうふうな努力をしてやったという話があります。

こういう小さなことですけれども、自力で何とか「富の創出」をしようと努力した人が、小田原藩《おだわらはん》の財政改革や、それから、今の日光《にっこう》に近いあたりの、栃木県《とちぎ》の財政改革をやってのけたということで――これは、やはり、小も大も兼《か》ねている、精神的には同じものがあるのだということで――志《こころざし》が大事だということです。

これは、当会でよく言っている「自助論」とも関係があると思うのですけれども、そういう工夫《くふう》は、各企業《きぎょう》のレベル、あるいは小さい企業、中小企業、零細企《れいさい》業なら社長一人かもしれないけれども、社員一人ひとり、個人一人ひとりのレベルまで戻って、創意工夫しなければいけないところがあると思うのです。

経済の発展理論を破壊《はかい》し、民主主義的な理論が死に絶える考え方とは

これからいっぱい潰《つぶ》れると思うのです。営業停止とか、緊急《きんきゅう》事態みたいなもの

が続いて、「外出するな」と言われたら、どうでしょうか。感染症学者《かんせんしょう》を悪く言うつもりはないし、「3密の理論」はそのとおりで、人から隔離《かくり》されていたら感染しないだろうけれども、昔のハンセン氏病とか、そんなものと一緒《いっしょ》で、サナトリウムに隔離するようなことをしていたら、経済は何も起きません。

税金は使うかもしれないけれども、経済が起きないので、これだとどんな職種も、もう全部、死に絶えていく可能性は極《きわ》めて高いと私は思います。

だから、「3密理論」自体は、基本的には経済の発展理論を破壊《はかい》するものだと思います。

経済的によくなるのは、要するに、人が集まれば集まるほど経済効果は多くなる。多くの人が買えば買うほど、あるいは利用すれば利用するほど儲《もう》かる。それから、人と人との間の経済行為《こうい》が煩瑣《はんさ》に繰《く》り返されれば繰り返されるほど経済の規模は大きくなっていく。要するに、同じお金でも、グルグル回転していれば、経済の規模は大きくなっていきますから、「速度」です。

これは経済の発展の理論であるので、（「３密理論」は）これを全部、完全に否定してしまっているところもあります。

また、「３密理論」のなかには、民主主義の基本、「みんなが集まって相談して、そして物事を決めたりする」ということに反しているものもありますので、民主主義的な理論が、これまた死に絶える可能性がある。

「民主主義」も「近代経済学」も滅《ほろ》びていく可能性があるし、「宗教」も滅ぼす力があります。

感染してはいけないわけですから、「人はそれぞれ孤立《こりつ》しなければいけない」ので、この体制での宗教のあり方は、もう、山に一人で仙人《せんにん》みたいに籠《こ》もるような体質しかありません。もうこれしかないのです。個人修行《しゅぎょう》の体質しか、もうないので、だから、どれも厳しい。長く続いたら、今までいろいろなものが発展してきて、当然と思っていたものが、全部、崩《くず》れる。

新幹線も、「より多くの人を、より遠くへ、より速い時間で届ける」ということで、飛行機と競争していたところがあるけれども、「飛行機も新幹線も両方とも乗る人がいなくなって」という感じになります。こうなると、「ソーシャル・ディスタンスを取って、編み笠《がさ》を被《かぶ》って、二、三メートル以上空《あ》けて、東海道を下《くだ》りましょう」というような話になってくるので、江戸《えど》時代のようです。

企業《きぎょう》も人間も、もう一度、原点に帰る必要がある

だから、多少、そういう揺《ゆ》り返しは来ると思いますし、もしかすると、今までは企業《きぎょう》がやってくれていたことが、家庭に回帰してくる可能性はあると思います。

今、コンビニに行ったら、何でも買えます。だから、OLをやって、コンビニで買って、家でご飯《はん》が食べられて、洗濯《せんたく》や納税まで、いろいろなところで預けら

れるようなところも出てきていますので、便利にはなってきています。

昔の時代は、経済の数字としてはカウントされていませんでしたけれども、私の母の時代などは、いろいろなものを家でつくっていました。食料に当たるものもつくっていました。例えば、漬物《つけもの》だとか、それから、甘酒《あまざけ》なども今はもう外で買っていますけれども、甘酒も甕《かめ》に麹《こうじ》とお米とお湯を入れてつくっていたのを覚えています。そんなこともしていたし、セーターとかも手編みで編んでいました。

このようなものは、経済的にはまったくカウントされないものだろうと思うのですけれども、大学に入ったころまで、手編みのセーターを、私も着ていました。これが今、外国の人件費の安いところでつくったものとかで、千円、二千円で買えるようになってはいるのだろうとは思います。

それは全部、「進歩」「進化」だと思っていたのだと思うけれども、もしかしたら変わってくるかもしれないということで、もう一度、原点に帰る必要がある。

企業も原点に帰る必要があるが、人間も原点に帰る必要があるかもしれないなと思います。

当然だと思っていたことがすべて――「できるだけ多くの人に影響《えいきょう》を与《あた》えて、短時間でそれが回転して、大きくなっていたようなもの」が、実は〝目くらましの経済〟や〝一種のバブル経済〟であって、原始的と思われるようなことが、本来の人間の喜びにも関係があったのだということを知る必要があって、その原点をもう一回やってみることで、もう一回つくり直せるものもあるのではないかと思います。

何でもかんでも企業にしてしまって、例えば会社なら「業者が来て掃除《そうじ》をしてくれる」とか、そういうものがありますけれども、何でも、それぞれの別の会社がサービスしてくれるようになっているようなものでも、自分たちでやらなければいけないものもあるでしょう。

昔、永平寺《えいへいじ》の視察に行ったときも、永平寺の雲水《うんすい》がいちばん生き生きしていたのが、ご飯をつくるときです。板をカンカンカンカンと叩《たた》いて、昼ご飯をつくる時間に入ったということで、みんなリッと集まって、男性がたすきを掛《か》けて、ご飯をつくり始めた。

そのころがいちばん生き生きしていた。あとは、寝《ね》ているのだか起きているのだか分からないような状態が続いているのですが、これは、普通《ふつう》に言えば、飲食店で食べれば済むことだろうし、コンビニで買えるものかもしれません。しかし、修行中は境内《けいだい》から外に出てはいけないことになっていますから、買いに出られません。だから、自分たちでつくらなければいけないのです。でも、これが「修行」になっていたわけです。

けれども、その前にちょっとがっかりしたのは、自動発券機のようなものが入り口にあって、お金を入れたら券が出てくるというようなもので、これは、ちょっとさすがに、「お寺で、これでいいのか」と思いました。現代はそうなのかもしれないけれども、「参拝料《さんぱいりょう》のようなものを入れたら券が出てきて、持って入れるなんていうのは、駅はいいかもしれないし、博物館とか美術館とか水族館はいいかもしれないが、お寺で、人は寺務所《じむしょ》にいっぱいいるのに、なぜ、人でやらずに機械でやるのだろう？」と思ったのです。まあ、確かに、今なら、感染症対策なら、いいでしょう。

また、なかを歩いて見てみると、午前中の時間なのに掃除機を使って御本尊《ごほんぞん》の頭の上に掃除機をかけているのを見て、「いや、これはもう、見ていられんなあ」という感じでした。

もし、そういうことをするなら、参拝開始の時間より前、朝の五時、六時にやってくれれば見ないで済むのに、みんなが見て回っているときに、御本尊とか仏像の頭に掃除機をかけているのを見ると、当時はナショナルか何か知らないし、電器会社も便利にしてくれたのかもしれないけれども、さすがに、「何かありがたみがないな」と思ったのは覚えています。

できたら、雑巾《ぞうきん》かハタキぐらいでしてほしかったし、観光のために開《あ》けている時間でないときにやっていただければありがたいなと思ったのを覚えています。

もうすでに何十年も前になります。そうなっていましたが、今は、もっともっと進化しているでしょう。

5　サバイバルに必要な「仕事の見直し」「ダム経営」

「何が本当に富を生んでいるのか、なくてもいいか」を見直してみる

当会なども、〝ちょっと宗教にあらざる企業《きぎょう》みたいな動き〟もけっこうなかにいっぱいあるだろうと思うのです。しかし、いずれ、こういうもののなかに、「当然だと思っていた仕事」が当然ではない、要するに、みんな〝伝染《でんせん》〟して同じようにやっているだけのことも、もしかしたらあるかもしれません。そういうことを見抜《みぬ》かなければいけないと思うのです。

だから、「自分の行動の何が本当に富を生んでいるのか」ということを、もう一回、考えてほしいと思うのです。

テレビの番組を観《み》ていても、「作家で流行《はや》ったような人がタワーマンションに入っていたけれども、だんだん、今の時代になったら売れなくなってきて、出なければいけないかどうか」というようなことがテーマになっていました。実際にあることだし、それは脚本《きゃくほん》を書いている人自体がそうなっているのかもしれないですけれども、そんなものもありました。

確かに、小説とかも余暇《よか》があって暇《ひま》なとき、お金もあって暇なときは読めるけれども、生きていくのが大変になったら小説どころではない時代になります。それは、テレビどころではないかもしれないし、ラジオどころでもないかもしれない。

以前、一緒《いっしょ》に仕事をしていた映画関連のほかの会社の社長さんの挨拶《あいさつ》のなかで、開口一番に言われたのが、「映画というのは、この世になくてもいいものです」と言われたのが、やはりすごく衝撃《しょうげき》的でした。映画をつくっている会社の人が、「映画というのは、なくていいものなのです」と言われて、みんなに衝撃を与《あた》えていたのです。

「なくていいものです」というのは、「それをかけて、それに関係してご飯《はん》を食べていけるということは、非常に、ある意味ではバブリーなことなのだ」ということでしょう。「みんなが、余暇があって、暇があって、お金があって、楽しみ事で映画を観てくれるのだ。本当に大変になってきたら、こんなものは観ないのだ」ということです。

そういう観点から見ると、「映画は本来なくていいものなのです。この世になくていいものなのです」と言われると、いや、ちょっと引き締《し》まります。「なくていいものなら、〝ないと困るもの〟をつくらなければやはり駄目《だめ》だ」ということです。なくていいものは淘汰《とうた》されていく時代に入るということだろうから、ないと困るようなものをつくらなければいけない。

あるいは、人にとってプラスになって、それが、次の明日《あす》への活動の原動力になる、あるいは知識になる、智慧《ちえ》になる、あるいは自分が未経験なものを経験したような、そういう力になるものをつくらなければいけないということでしょう。

これは一つですけれども、ほかのものも一緒です。

「今ある仕事は当然にあると思うなよ。もしなかったとして本当に困るのか」ということです。世間《せけん》は困らないかもしれない。競合するものは本当にいっぱいあるわけですから。余裕《よゆう》があるからこそ、特徴《とくちょう》を持った高いものとか、いろいろなものが売れたりしていることもあるけれども、そうならないかもしれない。

とすると、「もしかしたら、自分がやっている仕事は、これはなくてもいいものかもしれない。この会社はなくても、もしかしたらいいかもしれない」という観点から、もう一回、見直してみる必要がある。

「なくてもいいものかもしれない」ということを、ある程度、流れとしてそれを理解することができたら、では、「なくてはならないものに変えていかなければいけない」ということです。

民主主義の政治であっても、怖《こわ》いのは「〝その政治〟がなくても代わりがいくらでもある」という考え方が後ろにあるからです。これが怖いところではありません。

「今やっている仕事が要《い》るか要らないか」を白紙にして考えてみる

今日《きょう》、今話をしているときは、緊急《きんきゅう》事態宣言下だけれども、全国で大学受験の「共通テスト」というのを何十万人も受けています。ちょっと矛盾《むじゅん》してはいるのですが、受けさせないと、それはそれでまた騒動《そうどう》が起きるから大変なのだとは思うけれども、なくてもいいものをいっぱいつくるわけです。

「共通テスト」、それから「センター試験」等もありましたが、私はその前の時代なのですけれども、各大学がいろいろな試験を各自でつくってやっていて、試験の問題が違《ちが》うので、「本当はどこが難しいか易《やさ》しいか」というのは傾向《けいこう》の違いもあるから一概《いちがい》には言えない状態だったのです。

ところが、センター試験が入って、共通テストとかをやると、全国一律に序列がつけられるようなことになってしまっているわけで、みんながそれを一定の〝信仰《しんこう》体系〟みたいに、「その成績順に頭がいいのだ。悪いのだ」と思うようになってしまいます。しかし、試験が違えば成績は変わりますから、それを鵜呑《うの》みにしてはいけないものはあると思うのです。

だから、センター試験が始まったときも「難問・奇問《きもん》をなくす」とかいうことを標語にして言っていましたけれども、それは、センター試験の難問・奇問を減らすことはできても、各大学で二次試験とかをやっているところもいっぱいあるから、別にそちらは減りはしません。

大学の側で試験問題をつくる手間が省けたところもあるとは思うのです。センター試験だけで受かる人も出てきたから、それはよかったところもあるのだろうとは思いますし、入試問題がもうつくれないので、予備校に依頼《いらい》してつくってくる大学もだいぶ出てき始めました。河合塾《かわいじゅく》あたりに依頼して、「うちの大学の入試問題をつくってくれ」と言うわけです。

それで、予備校の側もいっぱい問題をつくって、それで封《ふう》をして、「どこの大学にどの問題が行ったかが分からないようにして、やる」ということになっていたけれども、本当かどうかは分からないでしょう。これは嘘《うそ》はできるし、つくった人は覚えているからです。ただ、「どこの大学にどの問題が行ったかは分からない」ということに、いちおう密約ではなっていました。

いろいろな大学が「もう問題をつくれない」ということで、先生がたは過去問研究をやられたら困ってしまいました。自分らも問題をつくるときに過去問を見てつくったりしていたから、過去問研究をして予備校で教えられたらもうたまらないので、予備校に入試問題をつくってもらって、それを買い取ったりしているところも出てき始めていたのです。

それは、授業をただただやっていて入試のときだけ採点させられる人たちより、それ（入試問題）を年中やっている人のほうが詳《くわ》しいということはあるのでしょうけれども、そんなこともありましたから、こういう「共通テスト」みたいなものもいいのか悪いのか、ちょっと分からないところがあります。

「もしかしたら、いろいろなものが、全部、要《い》らないかもしれない」という観点から、もう一回見ておいたほうがよいし、その観点から、「自分の今やっている仕事、それから、自分の会社や勤め先、あるいは組織がやっている仕事、これは要るのか要らないのか。もし要らないと判定されたとしても、『いや、それでも、どうしても必要なものなのです』と言い切れるだけのものをやっているかどうか」、これで全部、一度〝洗い替《が》え〟て、みんな白紙にして考えてみる必要があると思うのです。

「当社の製品は、世の中に必要とされ、次も欲《ほ》しいと言われるか」を考えよ
小説だって、無駄な小説はこれから読まれなくなって消えていくし、連載《れんさい》打ち切りになったり出版されなくなったりもするし、出版社も潰《つぶ》れるし、映画だって、もちろん要らないものは消えていくだろうし、宗教だって、本当は御利益《ごりやく》がない宗教で、かたちだけの儀式《ぎしき》でやっていたものは、経費節減のためにもうなくなっていったり、ロボットに代替《だいたい》されたりしています。自然葬《そう》、樹木葬とかも、もう（骨を）粉にして海で撒《ま》くだけとか、そんなものになってきつつあって、経費節減されて、「お坊《ぼう》さんに四百万円も包むのはもったいない」とかいうふうにお金を節約され始める。

それは、ある意味で、しかたがないと思うところもあるのです。自業自得《じごうじとく》——。漢文のお経《きょう》を南のほうの呉音《ごおん》というもので読むだけの仕事をしていて、意味がよく分からないので、聴《き》いている人も全然ありがたくない。意味が分からないのに、「分からないからこそ、ありがたいのだ」みたいなのでやっていたことが「必要がない」とされ始めているわけです。

無宗教、それから唯物論《ゆいぶつろん》の考えのなか、無神論の考えのなかで、「要らない」と経費節減に使われ始めたら、これが必要であることを説得できない宗教は消え去るしかないというふうに思うのです。だから、「なぜ必要なのか」ということを言えることが、とても大事なことだと思います。

企業にとってもそうです。なぜ当社の製品が必要なのか。ほかにも製品があるのに、なぜ、それでも「当社の製品を使ったほうがいい」と言えるのか。やはり、これを社員は徹底《てってい》して考えなければいけないと思うのです。

そして、ただつくるだけではなくて、それをちゃんと在庫をなくす。そして、世の中に本当に必要とされて、消費されていって、「次も欲《ほ》しい」と言ってくれるようなものであるかどうかを考えなければいけない。

もし、その体質がなくならないなら――「つくったけれども、半分売れればいいや」ということで、半分は在庫で残っていて、しばらくしたらもう捨てるしかないというふうな状況《じょうきょう》になっているのなら――これはいずれ経営危機が来るのは確実ということになります。

まずは、原価の部分、製造原価というものがかかりますから、製造原価のかかるところは、要するに「在庫が増えてくれば潰れる可能性がある」ということです。

飲食業などは、だいたい原価は三分の一ぐらいで、あとの三分の二の部分に利益が普通《ふつう》はあると言われているけれども、それも間に、また仲介業《ちゅうかいぎょう》がいっぱい入ってき始めたら変わってくるでしょう。

今は何か、背中に四角いリュックみたいなものを背負った、自転車に乗ったお兄さんたちがよく走っているのを見るのですが、だから、〝巣ごもり〟状態で、デリバリーでご飯を家にまで運ばせるということでしょう。その業者が流行ってきていて、それで、「『Ｇｏ Ｔｏ』が始まると、こちらのほうが失業者が増えて」とかいって、「『Ｇｏ Ｔｏ』が止まったら、また流行ってきて」ということです。

コンビニも、「普通の飲食店が店を閉めているときは売上が増えて、オープンになったら今度は減り始めて」と、まあ、本当に翻弄《ほんろう》されるような状況になっています。

だから、何か「制度的な要因」「環境《かんきょう》的な要因」「法令、法律などによる要因」、あるいは「病気とか、そんなものが流行ったということによる要因」で、まったく消えたり、急に儲《もう》かり始めたりするような職業があると思うけれども、こうしたものも、当会の教えでいえば、「他人《ひと》のせい、環境のせいになっていないかどうか」ということを、もう一度考えてみるところから、仕事そのものも考えてみる必要はあるのではないかというふうに私は思うのです。

他人《ひと》や環境《かんきょう》のせいにせず、自分の仕事の値打ちを見直す

今朝《けさ》読んだ新聞なども、見ていたら、「九州のほうのある県と、ある県の喧嘩《けんか》が始まった」というような感じのことが書いてありました（説法当時）。「ある大都市がある県」の隣《となり》の県の知事が、「すべて、ウィルスを持った感染は、隣の大都会から、隣の県から持ってこられる」というようなことを言ったので、その県の人が怒《おこ》ってしまって、今度はお互《たが》いに怒っているような状況になっているのです。

これになると、もう何か「昔の藩《はん》と藩の喧嘩」みたいな感じで、「よその、他

藩の者は入《い》れないぞ」というような感じになってきているので、ちょっと怖いなと思っています。

本当に、最後は心が狭《せま》くなって、そうなります。去年（二〇二〇年）、私たちも体験しましたが、地方で行事をやろうとしたら、やはり、「東京の人は来るな」みたいな感じとか、「他の都市部からは来るな」という感じで、この日本がさらに幕藩体制に戻《もど》っていくような、そんな怖さを感じました。

この「他人《ひと》のせいにする」「環境《かんきょう》のせいにする」というのは人間の弱さではあるのですが、ここのところをちょっと踏《ふ》みとどまって、ある程度、寛容《かんよう》の心や愛の心を持ちながら、「お互いに共存《きょうぞん》共栄できる仕事の仕方は何か」、また「本当に値打ちのある仕事とは何なのか」「自分のやっている仕事は値打ちがあるのかどうか」、このへんを見直していく必要はあるだろうと思うのです。

「これをしないと明日《あした》はないかもしれない。来年はないかもしれない」、そういう気持ちは持っていただきたいと思うのです。

だから、列車が走ったときには、自動車などをつくっても、「あんなもの要らない」と言っていたのが、実際は自動車の時代が来てしまいましたけれども、そういうようなことはいっぱいあります。

郵便局だって、宅配便ができたら、けっこう厳しくなってきましたし、また、宅配便だけではなくて、ケータイとかスマホをつくっている会社とも競争が始まりましたし、何が出てくるかは分からない。

ただ、常にいろいろな業種があると思うので全部には言えませんが、これだけは覚えておいてほしいことは、今、自分がやっている仕事は何らかの値打ちを生んでいるか。

値打ちというのは、「人間社会を前進させるか」「現状維持《いじ》のままにするか」「後退させるか」、この三種類なのですけれども、少なくとも現状を持ち堪《こた》えるか、それ以上に向かっていく方向に役に立っているかどうか。

これは小説であろうが、マンガであろうが、テレビであろうが、映画であろうが、もう、それが劇であろうが、学校の授業であろうが、予備校の授業であろうが、塾の授業であろうが、交通機関であろうが、旅行業であろうが、何でもそうですけれども、そのへんをもう一回考えていくことです。

そのなかで、ある程度、受け入れなければいけないところとしては、それは安全性のようなもので、「こうした病気が流行っているなかでの安全性はどうなのだ」ということも研究しなければいけない。

いちばんいけないのは、「隣の県の人とは、もう口を利《き》かない」みたいな感じになるとか、「この業者の人とは、もう口を利かないで」みたいな感じになったりとか、差別したりするようになったりすることもあります。

今はもう歴史上、珍《めずら》しい――もしかしたら初めてに近いかもしれませんが、東京都民が差別されている時代が始まってきて、「大阪都《おおさか》」を目指していた大阪も差別され始めていて、名古屋《なごや》も差別され、愛知県も差別されていて、札幌《さっぽろ》がある辺り、北海道のあの辺りだってそうです。もう都市部は全部そうなってきていま す。

得をしたと思うところは全部、今、何か嫌《きら》われ始めて、「帰ってくるな」「正月に帰ってくるな」「お盆《ぼん》に帰ってくるな」と親から言われる、お祖父《じい》さん、お祖母《ば》さんからも言われると、けっこうきつい話ですが、伝統文化の破壊《はかい》までもう始まってきています。

いやあ、だから、これが長引けば、もしかしたら価値観が転倒《てんとう》する可能性はあるというふうに思っています。

仕事のやり直しは、「仕事の価値」や「ダム経営」を考えるところから始まる

では、どんな心構えでもっていけばよいのでしょうか。

今、政府のほうは、「一時的に厳しい態度で臨《のぞ》んで、感染をもうギュッと押《お》しとどめて、あとはワクチンか何かを打ち込《こ》んで、それで一気に終わらせて、オリンピックとかパラリンピックをやって景気に弾《はず》みをつけたい」というぐらいのことをまだ思っていると思うのですが、世界の情勢から見て、そんなことはやはり無理なのではないかと思います。世界中でもうものすごい、一億人近い感染者が出ており、一日に二十万人からの感染者が出るような国もあるわけで、死者もだんだん増えてきつつあります（説法当時）。

「隣の中国では、もう数千人で感染者が止まって死者が出なかった」というのが嘘であろうから、それが、蓋《ふた》が開《あ》いたときに、「いったい何人感染していて、

何人ぐらい死んでいるのか」、あそこだったら一千万人ぐらいは誤差のうちなのかもしれないですけれども、それもやがて出てくるとは思います。

私の感じとしては、まだ、今年（二〇二一年）はワクチンが打たれても、今年中はこの感染の猛威《もうい》は終わらないとは思います。

「一気に全部を消滅《しょうめつ》」ということはまずない。変異種ができて広がっているので、ワクチンが効かないでしょう。「変異種が出れば、ワクチンが効かないものがまた流行り始める」ということを考えると、何年かは引っ張る可能性は高いとは思います。

だから、そんな簡単には終わらないものだと思って、どうやって生き延びるかを考えてほしいと思っています。これについては、松下幸之助《まつしたこうのすけ》さんなどが言っていた「ダム経営」型の考えはあるとは思うのです。

景気のいいときと悪いときと両方あるけれども、いいときだけに合わせてやっていたら、不況《ふきょう》が来たときには、あっという間に会社が潰れたり銀行が潰れたり、いろいろなことをして駄目になります。しかし、不況のときだけを考えて、景気がいいときにものをつくらなかったりしても、またこれも駄目です。

「ダム経営」というのは、そういう、いろいろなときの調整です。水力発電のダムというのは、川の上流のほうでダムをつくって水を溜《た》めて、それで調整している。

だから、ダムに水を溜めておければ、例えば、温暖化が進んで干ばつのようになったときでも、ダムの水を放流すれば、それから田畑にまで水を送ることができるし、あるいは、大雨が降って水害が起きそうなときも、ダムで止められるので、調整できるということです。

そういったことを、個人のレベルでも企業のレベルでも、もう一回、考えてみる必要はある。もちろん、国家のレベルでも考えなくてはいけないことではあると思うのです。

もう一度、そのへんからダム経営の考えや、あるいは、「個人として自分がやっている仕事や、会社のやっている仕事が新しい価値を生んでいるかどうか。なくてもいい仕事ではないのかどうか」、もう一回、これを考えてみるところから、仕事のやり直しは始まるということを知っていただきたいと思います。

現在言えるのはこの程度ですが、もうちょっと事態が進んでくれば、もう少しはっきりしたことも言おうかと思っています。

説法日一覧

第1章　経営者マインドの秘密

二〇二〇年二月九日説法
幸福の科学 特別説法堂にて

第2章　人望力の伸ばし方

二〇一七年九月九日説法
幸福の科学 特別説法堂にて

第3章　いま、政治に必要な考え方

二〇二〇年七月十八日説法
幸福の科学 特別説法堂にて

第4章　二宮尊徳流経営サバイバル術

二〇二一年一月十六日説法
幸福の科学 特別説法堂にて

『経営者マインドの秘密』関連書籍

『太陽の法』（大川隆法 著　幸福の科学出版刊）
『経営入門』（同右）
『経営と人望力』（同右）
『減量の経済学』（同右）
『コロナ不況下のサバイバル術』（同右）
『人の温もりの経済学』（同右）
『トランポノミクス』（スティーブン・ムーア、アーサー・B・ラッファー 共著
／藤井幹久 訳　同右）

経営者《けいえいしゃ》マインドの秘密《ひみつ》
――あらゆる難局を乗り切る経営戦略――

2024年11月29日　初版第1刷

著　者　　大《おお》　川《かわ》　隆《りゅう》　法《ほう》

発行所　　幸福の科学出版株式会社

〒107-0052 東京都港区赤坂2丁目10番8号
TEL(03)5573-7700
https://www.irhpress.co.jp/

印刷・製本　株式会社サンニチ印刷

落丁・乱丁本はおとりかえいたします

ISBN978-4-8233-0439-2 C0030
装丁・イラスト・写真©幸福の科学

―― 大川隆法ベストセラーズ ――

経営の王道とは何か

経営入門

人材論から事業繁栄まで

企業規模に応じた経営の組み立て方など、「経営の急所」を伝授。本書を実践し、使い込むほどに、「経営の実力」が高まっていく。地上ユートピア実現のためにも味読したい経営の極意がここに。

豪華装丁 函入り

10,780円

社長学入門

常勝経営を目指して

経営理念のなかに無私・無我を貫け――。組織を成長させ続けるための経営哲学、実践手法など、そのノウハウとスキルが網羅された一冊。乱気流の時代に常勝経営を目指して。

豪華装丁 函入り

10,780円

経営とは、実に厳しいもの。

逆境に打ち克つ経営法

危機の時代を乗り越え、未来を勝ち取るための、次の一手を指南する。「人間力」を磨いて「組織力」を高める要諦が凝縮された、経営の必読書。

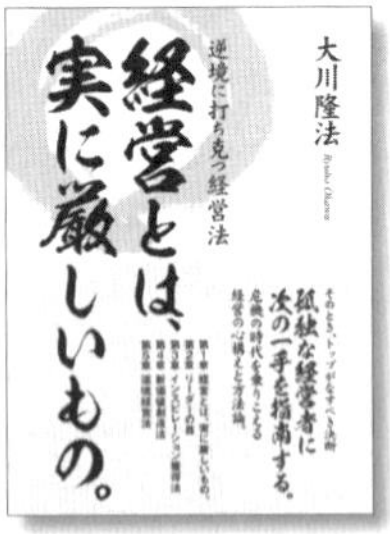

豪華装丁 函入り

11,000円

智慧の経営

不況を乗り越える常勝企業のつくり方

会社の状況や段階に合わせたキメ細かな経営のヒント。不況でも伸びる組織にある8つの智慧とは。実践に裏打ちされた「智慧の経営」のエッセンス。

豪華装丁 函入り

11,000円

※表示価格は税込10%です。

―― 大川隆法ベストセラーズ ――

創造力を磨くために

未来創造のマネジメント

事業の限界を突破する法

人類幸福化を理想とする幸福の科学総裁によって実践経営学の本質が説かれる。会社の将来を背負って立つビジネスエリートや起業家・経営者に贈る「未来への一手」。

豪華装丁 函入り

10,780円

富の創造法

激動時代を勝ち抜く経営の王道

個人も社会も豊かになるために――。時代に左右されない「正攻法」で未来の勝ち筋を見出す経営書。正しい精神態度を持った勤勉な人々を天は見捨てない。

豪華装丁 函入り

11,000円

創造的人間の秘密

あなたの無限の可能性を引き出し、AI時代に勝ち残る人材になるための、「創造力」「知的体力」「忍耐力」の磨き方が分かる成功論。新しい未来を創造し、切り拓いていくために。

1,760円

経営の創造

新規事業を立ち上げるための要諦

才能の見極め方、新しい「事業の種」の探し方、圧倒的な差別化を図る方法など、深い人間学と実績に裏打ちされた「経営成功学」の具体論が語られる。

2,200円

幸福の科学出版

―― 大川隆法ベストセラーズ ――

危機を乗り越える経営の心得

経営と人望力

成功しつづける経営者の資質とは何か

豪華装丁 函入り

トップに「徳」と「智慧」を。組織に「発展」と「永続性」を。経営者に必要なマインドと哲学とは。成功しつづける経営者の資質について説かれた悟りの書。

11,000円

忍耐の時代の経営戦略

企業の命運を握る３つの成長戦略

豪華装丁 函入り

景気の先行きが不透明な「忍耐の時代」に必勝する経営戦略。経済の見通しが厳しくとも、前進する方法は確実にある。企業と個人がとるべき「サバイバル戦略」を示す。

11,000円

経営戦略の転換点

危機を乗りこえる経営者の心得

豪華装丁 函入り

経営者は、何を「選び」、何を「捨て」、そして何を「見抜く」べきか。決断力を磨き、“超”乱気流時代を生き抜く経営マインドと戦略ビジョンを示した一冊。

11,000円

コロナ時代の経営心得

書き下ろし 箴言集

厳しい逆境の時代を力強く乗り越え、輝かしい未来を創りだしていくために。真の発展・繁栄の王道を歩むための「経営の智慧」が凝縮された100の言葉。

1,540円

※表示価格は税込10%です。

―― 大川隆法ベストセラーズ ――

主なる神エル・カンターレを知る

太陽の法

法シリーズ 第1巻

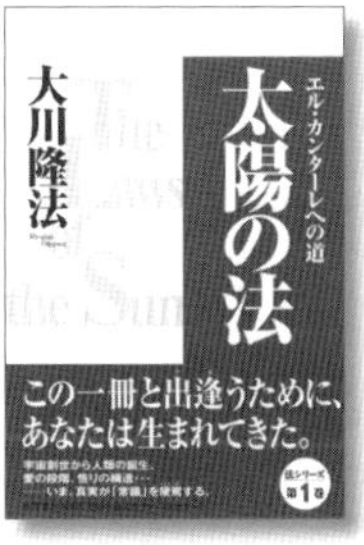

エル・カンターレへの道

創世記や愛の段階、悟りの構造、文明の流転等を明快に説き、主エル・カンターレの真実の使命を示した、仏法真理の基本書。25 言語で発刊され、世界中で愛読されている大ベストセラー。

2,200 円

メシアの法

法シリーズ 第28巻

「愛」に始まり「愛」に終わる

「この世界の始まりから終わりまで、あなた方と共にいる存在、それがエル・カンターレ」――。現代のメシアが示す、本当の「善悪の価値観」と「真実の愛」。

2,200 円

地球を包む愛

人類の試練と地球神の導き

日本と世界の危機を乗り越え、希望の未来を開くために――。天御祖神の教えと、その根源にある主なる神「エル・カンターレ」の考えが明かされた、地球の運命を変える書。

1,760 円

精舎で「経営の心得」を学ぶ

幸福の科学の精舎では、経営者、ビジネス・パーソン向けの研修や祈願を数多く開催しております。

「『経営の極意』研修」（開催：総本山・日光精舎ほか）
「『経営者改造』研修」（開催：総本山・正心館、箱根精舎ほか）
「発展の指針・十箇条」（開催：全国の精舎）

ほか、「経営の心得」をより深める機会として、ぜひご参加をおすすめします。

『経営者マインドの秘密』を深める 研修、祈願、経典・CD・DVDのご案内

御法話研修、御法話 CD

「経営者マインドの秘密」★☆

「徳あるリーダーとなる要諦《ようてい》」から「富を創出するための考え方」まで、激動の時代のなかでも組織を強くする「経営の勘所《かんどころ》」を潜在意識まで落とし込みます。

祈願

「経営のための祈り」★

知力の限りを尽くして、努力の汗を流し、未来を切り拓くことを決意します。

「『経営成功祈願』―強力編―」★

社員一致団結し、利益倍増、売上倍増していくことを祈り、志《こころざし》を固めます。

御法話 CD

「経営と人望力」☆

年代別の起業成功法、黒字体質をつくる「マインド」と「徳」、リーダーの条件としての「人望力」など、実務と精神論の両面から「経営の王道」が説かれています。

経典、御法話 CD・DVD

「人を活かす経営法」☆

「人間として成長する過程」に経営者としての成長の過程もある──。「信用の大切さ」や「愛による経営」など、利己心を捨て、人を活かして育てる指針が示されています。

「つぶれない経営」☆

つぶれない経営に必要な「人間としての器《うつわ》」や「見切り」の大切さなど、経営幹部が押さえておきたい「永続的発展の奥義《おうぎ》」が御法話と質疑応答で明かされています。

「経営的思考シリーズ」☆

〝組織の動脈〟である『財務』と『人事』。そして、〝経営参謀〟を担う『経理』。これら社長学の要《かなめ》である「主要三部門」の核心的思考を学び、経営者に必要な「トータルマネジメント」の能力を身に付け、理想の経営者へ成長できます。

★〈研修・祈願は全国の精舎にて開催しております〉
☆〈経典・CD・DVD は全国の精舎にて拝受できます〉

詳しくは、お近くの支部、または精舎へお問い合わせください。

「精舎へ行こう」 検索

幸福の科学グループのご案内

宗教、教育、政治、出版などの活動を通じて、地球的ユートピアの実現を目指しています。

幸福の科学

一九八六年に立宗。信仰の対象は、地球系霊団の最高大霊、主エル・カンターレ。世界百七十四カ国以上の国々に信者を持ち、全人類救済という尊い使命のもと、信者は、「愛」と「悟り」と「ユートピア建設」の教えの実践、伝道に励んでいます。

（二〇二四年十月現在）

愛

幸福の科学の「愛」とは、与える愛です。これは、仏教の慈悲《じひ》や布施《ふせ》の精神と同じことです。信者は、仏法真理をお伝えすることを通して、多くの方に幸福な人生を送っていただくための活動に励んでいます。

悟り

「悟り」とは、自らが仏の子であることを知るということです。教学《きょうがく》や精神統一によって心を磨き、智慧《ちえ》を得て悩みを解決すると共に、天使・菩薩《ぼさつ》の境地を目指し、より多くの人を救える力を身につけていきます。

ユートピア建設

私たち人間は、地上に理想世界を建設するという尊い使命を持って生まれてきています。社会の悪を押しとどめ、善を推し進めるために、信者はさまざまな活動に積極的に参加しています。

海外支援・災害支援

幸福の科学のネットワークを駆使し、世界中で被災地復興や教育の支援をしています。

毎年2万人以上の方の自殺を減らすため、全国各地でキャンペーンを展開しています。

公式サイト **withyou-hs.net**

自殺防止相談窓口

受付時間　火～土:10～18時（祝日を含む）

TEL **03-5573-7707**　メール **withyou-hs@happy-science.org**

視覚障害や聴覚障害、肢体不自由の方々と点訳・音訳・要約筆記・字幕作成・手話通訳等の各種ボランティアが手を携えて、真理の学習や集い、ボランティア養成等、様々な活動を行っています。

公式サイト **helen-hs.net**

入会のご案内

幸福の科学では、主エル・カンターレ 大川隆法総裁が説く仏法真理《ぶっぽうしんり》をもとに、「どうすれば幸福になれるのか、また、他の人を幸福にできるのか」を学び、実践しています。

入会

仏法真理を学んでみたい方へ

主エル・カンターレを信じ、その教えを学ぼうとする方なら、どなたでも入会できます。入会された方には、『入会版「正心法語《しょうしんほうご》」』が授与されます。

入会ご希望の方はネットからも入会申し込みができます。

happy-science.jp/joinus

三帰《さんき》誓願《せいがん》

信仰をさらに深めたい方へ

仏弟子としてさらに信仰を深めたい方は、仏《ぶっ》・法《ぽう》・僧《そう》の三宝《さんぼう》への帰依を誓う「三帰誓願式」を受けることができます。三帰誓願者には、『仏説・正心法語』『祈願文《きがんもん》①』『祈願文②』『エル・カンターレへの祈り』が授与されます。

幸福の科学 サービスセンター

TEL 03-5793-1727

（受付時間／火～金:10～20時　土・日祝:10～18時（月曜を除く））

幸福の科学 公式サイト

happy-science.jp

幸福実現党

内憂外患《ないゆうがいかん》の国難に立ち向かうべく、2009年5月に幸福実現党を立党しました。創立者である大川隆法党総裁の精神的指導のもと、宗教だけでは解決できない問題に取り組み、幸福を具体化するための力になっています。

HS政経塾

大川隆法総裁によって創設された、「未来の日本を背負う、政界・財界で活躍するエリート養成のための社会人教育機関」です。既成の学問を超えた仏法真理を学ぶ「人生の大学院」として、理想国家建設に貢献する人材を輩出するために、2010年に開塾しました。これまで、多数の地方議員が全国各地で活躍してきています。

TEL 03-6277-6029
公式サイト hs-seikei.happy-science.jp

ハッピー・サイエンス・ユニバーシティ
Happy Science University

ハッピー・サイエンス・ユニバーシティとは

ハッピー・サイエンス・ユニバーシティ（HSU）は、
大川隆法総裁が設立された「日本発の本格私学」です。
建学の精神として「幸福の探究と新文明の創造」を掲げ、
チャレンジ精神にあふれ、新時代を切り拓く人材の輩出を目指します。

人間幸福学部　経営成功学部　未来産業学部

HSU長生キャンパス TEL **0475-32-7770**
〒299-4325　千葉県長生郡長生村一松丙 4427-1

未来創造学部

HSU未来創造・東京キャンパス
TEL **03-3699-7707**
〒136-0076　東京都江東区南砂2-6-5

公式サイト **happy-science.university**

学校法人 幸福の科学学園

学校法人 幸福の科学学園は、幸福の科学の教育理念のもとにつくられた教育機関です。人間にとって最も大切な宗教教育の導入を通じて精神性を高めながら、ユートピア建設に貢献する人材輩出を目指しています。

幸福の科学学園

中学校・高等学校（那須本校）
2010年4月開校・栃木県那須郡（男女共学・全寮制）
TEL **0287-75-7777** 公式サイト **happy-science.ac.jp**

関西中学校・高等学校（関西校）
2013年4月開校・滋賀県大津市（男女共学・寮及び通学）
TEL **077-573-7774** 公式サイト **kansai.happy-science.ac.jp**

仏法真理塾「サクセスNo.1」

全国に本校・拠点・支部校を展開する、幸福の科学による信仰教育の機関です。小学生・中学生・高校生を対象に、信仰教育・徳育にウエイトを置きつつ、将来、社会人として活躍するための学力養成にも力を注いでいます。

TEL 03-5750-0751（東京本校）

エンゼルプランV

東京本校を中心に、全国に支部教室を展開。信仰をもとに幼児の心を豊かに育む情操教育を行い、子どもの個性を伸ばして天使に育てます。

TEL 03-5750-0757（東京本校）

エンゼル精舎

乳幼児が対象の、託児型の宗教教育施設。エル・カンターレ信仰をもとに、「皆、光の子だと信じられる子」を育みます。（※参拝施設ではありません）

不登校児支援スクール「ネバー・マインド」

TEL 03-5750-1741

心の面からのアプローチを重視して、不登校の子供たちを支援しています。

ユー・アー・エンゼル!（あなたは天使!）運動

障害児の不安や悩みに取り組み、ご両親を励まし、勇気づける、障害児支援のボランティア運動を展開しています。

一般社団法人 ユー・アー・エンゼル

TEL 03-6426-7797

NPO活動支援

学校からのいじめ追放を目指し、さまざまな社会提言をしています。また、各地でのシンポジウムや学校への啓発ポスター掲示等に取り組む一般財団法人「いじめから子供を守ろうネットワーク」を支援しています。

いじめから子供を守ろうネットワーク

公式サイト mamoro.org　ブログ blog.mamoro.org

相談窓口 TEL.03-5544-8989

百歳まで生きる会～いくつになっても生涯現役～

「百歳まで生きる会」は、生涯現役人生を掲げ、友達づくり、生きがいづくりを通じ、一人ひとりの幸福と、世界のユートピア化のために、全国各地で友達の輪を広げ、地域や社会に幸福を広げていく活動を続けているシニア層（55歳以上）の集まりです。

【サービスセンター】TEL 03-5793-1727

シニア・プラン21

「百歳まで生きる会」の研修部門として、心を見つめ、新しき人生の再出発、社会貢献を目指し、セミナー等を開催しています。

【サービスセンター】TEL 03-5793-1727